20세기 사회심리학의 거장 에리히 프롬

자유의 요람, 뉴욕

1930~1940년대 유럽의 많은 지식인들이 나치의 탄압을 피해 미국으로 망명했다. 그중 한 명이었던 프롬 역시 1934년에 미국행 배를 탔다. 몇 날 며칠 배 안에서 불안에 떨었을 그를 가장 먼저 맞이한 것은 뉴욕 항구 앞에 서 있는 거대한 '자유의 여신상'이었다. 프롬은 이 상을 보는 순간 죽음의 위기에서 벗어났다는 생각에 잠시나마 안도감을 느꼈을지도 모른다.

프롬의 무덤, 마조레 호수

여든 번째 생일을 앞둔 1980년 3월 18일, 프롬은 스위스 무랄토의 자택에서 눈을 감았다. 그는 생명이 있는 모든 것은 결국 자연으로 돌아가는 것이 자연의 이치라고 생각했다. 죽는 순간에는 아무것도 소유하지 못한 채 떠나게 된다는 것을 잘 알고 있었기에, 물질적인 것에 얽매이지 않고 인생을 초연하게 살아가고자 했다. 그의 유해는 화장되어 마조레호 곳곳에 뿌려졌고, 자신이 바라던 대로 '자연'으로 돌아가게 되었다.

❶ 하이델베르크대학교 독일
프롬 사상의 출발지

프랑크푸르트대학교에서 법학을 공부하던 프롬은 돌연 하이델베르크대학교에 들어가 베버, 야스퍼스 등에게서 가르침을 받으며 사회학과 심리학에 눈을 떴다. 그는 베버의 지도하에 유대인 사회를 조명한 「유대인의 율법」 논문으로 박사 학위를 받았다. 당시 프롬의 아버지는 프롬이 학위를 따지 못하면 상심하여 자살하지 않을까 하고 노심초사했다고 한다.

❷ 프랑크푸르트 사회연구소 독일
프로이트와 마르크스를 통합하다

연구소에서 정신분석학과 사회심리학 분야를 담당하던 프롬은 마르크스의 이론만으로는 사회현상을 설명할 수 없음을 깨닫고 프로이트의 정신분석 이론을 접목시키기 시작했다. 그는 나치의 탄압을 피해 미국으로 망명하여 연구를 이어나가던 중, 프로이트 이론에 대한 해석을 둘러싸고 연구원들과 갈등을 빚다가 끝내 연구소와 결별했다.

❸ 멕시코 정신분석연구소 멕시코
멕시코 정신분석의 요람

프롬은 1950년부터 1973년까지 멕시코에 머물렀다. 그는 멕시코국립자치대학교 의학대학의 정신분석학과 교수로 재직하면서, 심리학의 불모지나 다름없었던 이곳에 연구소를 세우고 정신분석학을 본격적으로 소개했다. 옛 영광은 온데간데없이 초라한 연구소 건물만이 그 자리에 남아 있는데, 이를 보고 있노라면 한 시절이 갔음에 아쉬운 마음이 절로 든다.

❹ 쿠에르나바카 멕시코
전성기를 누린 곳

멕시코시티에 살던 프롬은 1956년 쿠에르나바카로 이사하여 『사랑의 기술』을 포함, 수십 권의 책을 쓰고 수많은 논문을 발표하는 등 왕성한 집필 활동을 이어나갔다. 그는 이곳에서 만난 일리치와 가까이 지내며 그의 책 서문을 쓰거나, 스즈키 선사를 자택에 초대해 '정신분석학과 선불교'를 주제로 공동 세미나를 여는 등 유명 인사들과 교류했다.

❺ 모닝사이드 하이츠 미국
머나먼 타국에서 향수에 젖다

모닝사이드 하이츠에 위치한 컬럼비아대학의 교수로 있던 프롬은 미국 사회에 동화되기 위해 많은 노력을 기울였다. 하지만 이방인의 불안감과 고독감을 떨쳐내지는 못했던 것 같다. 그가 뉴욕 땅을 밟았던 1934년에 유대인 부부가 문을 연 식료품점이 어퍼 웨스트 사이드에서 지금도 운영 중인데, 그도 이 가게에서 식사를 하며 향수를 달래지 않았을까 싶다.

❻ 어퍼 이스트 사이드 미국
『자유로부터의 도피』를 집필한 곳

프롬은 어퍼 이스트 사이드 66번가에 살면서 『자유로부터의 도피』를 썼다. 이 책은 그가 영어로 쓴 최초의 작품으로, 1941년 출간되어 제2차 세계대전 중에도 중쇄를 거듭했다. 왜 독일인들이 자유를 포기하고 독재자 히틀러에게 열광하게 되었는지를 밝힌 이 저서는 현대 고전의 반열에 오르며 동시대 지성들에게 지대한 영향을 끼쳤다.

❼ 무랄토 스위스
『소유냐 존재냐』의 탄생지

프롬은 1973년 봄까지 멕시코와 스위스를 오가며 살다가 무랄토에 정착하여 말년을 보냈다. 그는 여생을 보내기 위해 선택한 이곳에서 『소유냐 존재냐』를 집필했다. 프롬 사상의 정수이자 세계적인 베스트셀러인 이 책에서 그는 인간의 실존 양식이 소유의 방식을 넘어 존재의 방식으로 나아갈 때 진정한 행복을 얻을 수 있다고 했다.

❽ 마조레 호수 스위스
프롬의 영혼이 깃든 곳

프롬은 몇 차례의 심근경색으로 죽음의 문턱을 넘나들다가 1980년 세상을 떠났다. 그는 시신을 화장하여 마조레호에 뿌려달라는 유언을 남겼고, 자신의 뜻대로 그곳에 잠들어 있다. 프롬은 마조레호를 '낙원'이라고 부르며 무척 아꼈는데, 이 호수를 직접 보면 그의 말이 거짓이 아니라는 것을 단박에 알 수 있다.

일러두기

— 단행본, 장편소설은 『 』, 단편소설, 희곡, 논문은 「 」, 신문, 잡지는 《 》, 미술, 음악, 영화 등
 의 작품명은 〈 〉로 표기했다.
— 프롬의 저서들은 1989년에 라이너 풍크가 편집한 에리히 프롬 전집을 인용했으며, 인용한
 책이 한국에서 출간된 경우 표제작을 병기했다. 프롬의 저작들을 인용 또는 재인용한 경
 우, 문장 끝에 책명을 밝혔다. 프롬의 저작들을 포함하여 다른 책의 자세한 서지 사항은
 참고 문헌에 밝혀놓았다.
— 본문에 괄호로 묶인 부분은 모두 저자(인용자)가 추가한 내용이다.
— 본문에 일련번호로 표시된 저자의 주석은 후주로 실었으며, 본문 하단의 각주는 '옮긴이'
 로 표시한 역자의 주석을 제외하고는 모두 저자의 주석이다.
— 원문의 이탤릭체가 강조의 의미일 경우 굵게 표기했다.
— 외래어 표기는 국립국어원 외래어표기법을 따랐으나 관용적으로 굳어진 일부 용어는 예
 외를 두었다.

클래식 클라우드 | 015

에리히 프롬

×

옌스 푀르스터

사랑의 혁명을 꿈꾼 휴머니스트

arte

ERICK FROMM
BY ARTY 23/3/13

우리 시대의 대중 지식인 프롬

사상가로서는 드물게 『자유로부터의 도피』『사랑의 기술』『소유냐 존재냐』를 잇달아 성공시키면서 베스트셀러 작가로 이름을 떨쳤다. 그의 책들은 우리 시대의 고전으로 자리를 잡으며 지금도 널리 읽히고 있다.

위대한 정신을 좇는 사냥꾼

한 정신Geist의 뒤를 좇는다. 독일어로 정신은 '사상'이라는 뜻이지만 '유령'이라는 의미로 쓰이기도 한다. 육신 없는 이념, 무형의 사상.

수많은 작품을 남기고 떠난 한 천재의 사상을 뒤좇는다. '위대한 정신großer Geist'을 뒤좇는다. 독일에서는 비범한 사상가를 '위대한 정신'이라고 일컫는다.

에리히 프롬이 우리에게 남긴 것은 사상뿐이다. 다시 말해, 정신뿐이다. 육신은 소멸하지만 정신은 영원하다. 그러나 그와 나 사이에는 시간적 간극이 존재하여 그에게 이 정신의 세계를 물어볼 수 없다. 지금의 나는 그저 위대한 정신이 남긴 글에서 의미를 찾아내고, 불완전한 표현을 다듬고, 어긋난 것을 이어 붙일 뿐이다. 그와 나 사이에는 뛰어넘을 수 없는 심연이 존재하지만 그 간극을 스르

릭 메울 수 있다. 아무리 적은 양의 정보라고 할지라도 그것만으로도 '의미'를 만들어낼 수 있기 때문이다. 이는 그다지 놀라운 일이 아니다. 우리의 뇌는 정보들에서 항상 의미를 찾아낸다. 퍼즐 조각을 맞추듯이 상상하고 공상하며 이야기를 만들어낸다. 아마 그의 정신이 지금 내 말을 듣고 있다면, 피곤한 표정을 지으면서도 나의 이야기에 미소를 보낼 것이다.

타인의 이미지를 완벽하게 그리는 일은 불가능하다. 그럼에도 불구하고 우리는 끊임없이 그 일을 한다. 타인의 이미지를 그리지 않는 것 역시 불가능하기 때문이다. 그래서 우리는 의도하지 않았음에도 모든 것을 평가한다. 우리는 타인을 판단할 수 있는 능력이 있다고 생각하고, 심지어는 타인을 이해한다고 생각한다.

"새로 이사 온 이웃집 사람?"

"그래. 요 앞에서 마주쳤는데 붙임성도 있고 사람이 좋아 보여."

"크나우스고르 Karl Ove Knausgård의 소설?"

"맞아. 표지에 실린 사진을 봤는데 철학자 같아 보였어. 분명 작가처럼 책도 진지할 거야."

"칼라스 Maria Callas?"

"맞아. 전설적인 프리마돈나지. 오페라 관련 다큐멘터리에서 봤는데, 지적이고 감수성이 풍부한 사람 같았어."

이와 같이 우리는 판단 대상에 대해 아는 것이 전혀 없음에도 끊임없이 타인을 평가한다. 이웃집 사람의 첫인상이 좋다고 느낀 이유는 자신의 친한 친구와 닮았기 때문일지도 모르고, 유명인에 대해서는 손쉽게 정보를 얻을 수 있기 때문에 그와 관련된 모든 것을 알고 있다고 생각할 수 있다. 하지만 정작 우리는 타인에 대해 아무것도 모른다.

그러므로 나 역시 이 책에서 암중모색을 하거나 그릇된 결론과 판단으로 헛다리를 짚을 것이다. 내가 만들어낸 의미를 위대한 정신인 프롬에게 더 이상 물어볼 수 없기 때문이다. 여러 노력에도 불구하고 어쩌면 그의 이미지를 올바르게 그려내지 못할 수도 있다. 그래서 나는 그의 정신을 불러내 나만의 생각으로 다시 창조하려고 한다. 죽은 자는 오직 재창조될 뿐이다.

나는 그의 저작들을 바탕으로 프롬이라는 위대한 정신을 최대한 객관적으로 조명할 것이다. 또한 그의 글에서 받은 나의 인상을 최대한 다각도로 분석할 것이다. 그의 사상을 비판적 시각에서 바라볼 것이고, 몇 가지 주장에는 전혀 동의하지 못할지도 모른다. 여러 한계가 있음에도 그의 사상은 수십 년 전에 나왔다고 믿기지 않을 정도로 지금도 유효하다. 그사이 프롬의 주장을 반박하는 새로운 연구 결과가 나왔지만 그가(혹은 그의 작품이) 오래전부터 내 마음을 사로잡아 지금까지 놓아주지 않았기에 이 같이 사소한 부분들은 그에 대한 내 감정과 전체적인 인상을 흐릴 수 없다.

그렇지만 위대한 지성 앞에 무릎을 꿇는 것은 내 방식이 아니다. 나는 평생 누군가를 우상으로 삼아본 적이 없다. 물론 어떤 사상가에게 푹 빠져 그의 '모든 것을' 읽어 젖히는 일은 일상사다. 하지만 학문은 지속적인 변화이자 지속적인 개선이라고 생각하기에 선호하는 작가와 그들을 향한 애정도 계속 바뀌었다. 그들의 작품을 사랑하여 그 작품에 몰입했다가 다시 빠져나와 다른 학문의 집을 짓는 것이 나의 연구 방식이다.

이론은 창조되어 사람들의 입에 오르내리다가 새것으로 교체된다. 우리가 지금 정립한 이론을 200년 후에 다시 본다면 무척 가소롭거나 귀여울 것이다. 기왕이면 귀여웠으면 좋겠다.

실제로 나는 자기주장을 명확하고 열정적으로 표현하는 사람을 좋아한다. 이해가 잘되어 반박하거나 연구하기 쉽기 때문이다. 프롬은 명확한 표현의 대가였다. 사람들에게 무엇을 하면 되는지 안 되는지를 정확하게 일러주었다. 심지어 욕을 할 때도 명확하게 했다. 그래서 그의 책을 읽을 때면 나는 늘 그와 대화를 나누는 것 같다. 그의 책은 프롬이라는 사람 그 자체다. 이 책에서 고백하건대, 사실 나는 그를 사랑한다. 그의 책을 읽을 때면 그에게 이해받은 기분이고 내 귀에 대고 속삭이는 듯한 그의 목소리가 너무 좋기 때문이다.

내가 프롬의 팬들에게 프롬이 생전에 거만하게 굴어 사람들로부터 욕을 많이 먹었고, 그의 사상과 다르게 검소한 생활을 하기는커녕 비싼 차를 몰고 다니는 것으로 유명했다는 말을 슬쩍 흘리면 그들은 못 들은 척하거나 잘 알지도 못하면서 떠든다고 되레 화를 낸다. 내가 잘못 알았거나 다른 사람과 헷갈린 것이라고 우기면서 "에리히 프롬은 그런 사람이 아니에욧!"이라고 외친다.

사람들의 생각과 다르게 프롬의 사상을 포함하여 여러 심리학적 지식에는 구멍이 많다. 심리학자들은 인간을 이해한다고 이야기하지만 정작 수많은 인간 행동 방식의 원인에 대해 알아낸 바가 거의 없다. 인간의 행동을 이해하고 예측하려는 이 학문의 역사가 불과

100년을 살짝 웃돌 뿐이기 때문이다. 따라서 우리가 심리학 선구자들의 공을 높이 평가하는 동시에 그들의 오류를 지적하더라도 그것이 결코 무례한 일이 아니듯, 그들이 완벽히 잘못된 이론을 주장하더라도 그것만으로 그들을 무시할 수는 없다. 100년 전에 나온 낡은 학설이라고 해서 이를 경시하는 사람은 무례할 뿐 아니라 심리학의 기본을 이해하지 못한 사람이다.

역사의 공을 인정하지 않는 태도는 그릇된 행동일 뿐만 아니라 학술 연구의 기본적인 자세인 상대성을 부인하는 것이다. 만약 이런 태도로 일관한다면 심리학은 결코 "이것이 진실이다!"라고 말할 수 있는 지점에 도달하지 못할 것이다. 그보다는 검증이 가능하고, 혹여 반박당하더라도 새로운 주장을 펼칠 수 있는 발전의 토대를 만드는 것이 훨씬 더 중요하다.

누군가 이론을 발표함으로써 그렇지 않았다면 애당초 시작하지도 못했을 토론의 장을 열어 젖혔다는 사실이 중요하며, 소유와 존재 중 우리를 행복하게 만드는 것이 무엇인지 고민할 수 있는 계기를 마련했다는 점이 중요하다. 다른 사람을 사랑하기 위해서는 먼저 자기 자신을 얼마나 사랑해야 하는지, 창조의 왕관이라는 인간이 어떻게 해서 멍청한 독재자에게 넘어갔는지를 탐구하는 장을 열었다는 것이 중요하다. 누가 옳고 그른가는 부차적 문제다. 누군가가 수많은 사람에게 중요한 주제를 새로이 고민하게 하여 더 나은 이론이 나올 수 있도록 생각의 문을 열었다는 사실이 훨씬 더 중요하다. 그래서 내가 이 책에서 어떤 이야기를 하더라도 사람들이 나를 너그러이 용서해줄 것이라고 나는 믿는다.

그러나 나의 기억이 자칫 프롬에 대한 인상을 왜곡시키지 않을 지 염려도 된다. 영국의 심리학자 바틀릿Frederik Bartlett은 기억이라고 하는 것이 얼마나 믿을 수 없으며 끊임없이 재구성되는지를 일찍이 입증한 바 있다. 기억이라고 하는 것은 무의식적으로 또는 고의적 으로 사실을 왜곡할 수 있으며, 때로는 사실이 아닌 것이 사실처럼 기억된다고 말이다.[1] 그는 실험 참가자들에게 인디언들이 유령과 싸우는 서부 시대의 신비한 이야기 『유령들의 전쟁War of the Ghosts』을 읽게 했는데, 그들에게서 흥미로운 현상이 나타났다. 대부분은 줄거 리를 잘 기억했지만 기억을 혼란스럽게 하는 부분은 이해하기 쉽게 고쳤고 복잡한 내용은 아예 기억에서 지워버렸다. 자신들의 사고방 식에 맞추어 이야기를 바꾸어버리기도 했다. 나 역시 실험 참가자들 처럼 이런 식의 재구성 과정에서 자유롭지 못할 것이다.

한편 사회심리학에서는 인간을 환경의 영향에 적응하고 계속해 서 변화하는 역동적 존재로 보아야 한다고 강조한다. 어릴 적 신앙 심이 깊었던 사람이 스무 살 무렵에 무신론자가 되었다가 나이가 들어서는 예배에 꼬박꼬박 참석하는 생활로 되돌아갈 수 있는 것 이다. 프롬도 예외가 될 수 없다. 그래서 나는 "프롬이 1970년대에 여성운동을 지지했다"라는 말을 듣더라도, 그가 1940년대에도 평 화주의자였다고 생각하지 않는다. 그러나 대부분의 전기 작가들은 인간을 불변의 인격체로 보는 실수를 자주 범한다. 특히 관찰 대상 에 대한 정보가 적을수록 (게다가 언론이 선전하는 유명인의 경우 그 정보 라는 것이 대부분 인생 말년의 정보다) 그 인물의 입장과 성격, 행동 방식 의 원인을 어린 시절의 환경에서 찾는 실책을 범하기 쉽다. 먼 과거로 거슬러 올라가 그것들의 탄생을 추적하여 인생 전체를 관통하는 이야기의 실마리를 찾아내고 싶은 유혹에 빠지고 마는 것이다. 늙어서 탐욕스러운 사람은 젊은 시절에도 **분명** 탐욕스러웠을 것이다! 우리는 이런 구성*이 얼마나 쓸모없는지 너무나 잘 알면서도 쉽게 떨쳐내지 못한다.

이 지점에서 나는 사회심리학자로서 책임감을 느낀다. 사회심리학은 변화보다는 안정적인 것, 불변의 것에 더 많은 관심을 기울인다. 그러나 인간은 너무나도 유연하고 역동적이며 변화 가능한 존재다. 인간은 주변 환경에 쉽게 영향을 받으며, 쉬지 않고 바뀌는 사회규범과 질서에 맞추어 끊임없이 자신을 변화시킨다. 우리는 변치 않는 인격체가 아니다. 물질주의를 추종하지 않겠다고 굳게 맹세했어도 언제든지 명품을 새로 살 수 있는 것이다. 우리는 무색할 정도로 모순적인 존재다.

예전의 사회심리학 연구에서는 이상과 현실이 불일치할 경우 그 괴리로 인한 갈등이 발생하고 인간은 그 간극을 해소하기 위해 노력한다고 주장했다. 예를 들어 금연을 결심한 사람이 유혹을 이기지 못하고 담배를 피우는 경우, 흡연이 건강에 크게 해롭지 않다거나 담배를 피우고도 90세까지 살았다는 주변 인물 이야기를 하면서 온갖 변명을 늘어놓는다. **합리화**Rationalisation와 **왜소화**Trivialization는 긴장 해소나 변명의 수단이다. 이러한 부조화를 해소하는 가장

---

* 구성주의structuralism는 인간의 의식을 구성하는 요소와 그 구조를 분석하려 했던 최초의 심리학파로, 티치너Edward B. Titchener에 의해 창시되었다. 구성심리학은 복잡한 의식 현상을 감각이나 감정 같은 단순한 요소로 나누고, 이것들의 결합으로 의식 현상을 설명한다. —옮긴이

좋은 방법은 행동을 바꾸는 것이다. 하지만 그러자면 자기통제가 필요한데, 이는 변명보다 훨씬 힘이 들어간다. 이렇듯 전통적인 인지부조화이론은 사람들이 자신의 태도와 행동이 서로 모순되어 양립될 수 없다고 느끼는 부조화 상태가 되었을 때, 이를 해소하기 위해 어떤 식으로든 행동을 취한다는 입장이다.[2] 그러나 최신 이론에 따르면 인간은 부조화를 해소하지 않더라도 잘 살 수 있다. 도저히 견딜 수 없는 상황에 치닫게 되면 문제를 해결하려고 노력하겠지만 대체로 모순적인 상황에 놓여 있어도 잘 살 수 있다.

요즘에는 자아를 다양한 부분의 결합이라고 보는 사회심리학자들이 많다. 예를 들어, 집에서는 자상한 아버지가 회사에서는 부하직원들을 괴롭히는 상사의 모습을 하고 있을 수 있다. 우리의 사회적 역할은 처한 상황에 따라 변하는데, 역할에 따라 행동과 시각과 판단도 달라지기 때문이다. 우리는 다양한 부분의 결합이기 때문에 프롬이라는 인물을 다룰 때도 이 점에 유의해야 한다. 그의 다양한 모습을 살펴야지 그것들을 엮어 하나의 이미지로 만들려고 해서는 안 될 것이다.

앞서 이야기한 것처럼 프롬의 생애를 들려줄 이는 많지만 나는 그에 대한 섣부른 평가를 삼가고 싶다. 이를테면 프리드먼Lawrence J. Friedman은 『에리히 프롬 평전』에서 미국으로 건너간 프롬이 나치의 탄압으로 고통당하는 독일의 가족들에게 더 많은 돈을 부칠 수 있었음에도 그러지 않았다고 주장한다. 그러나 이것은 프롬의 팬들이 무조건적으로 프롬을 찬양하고 따르는 것과 마찬가지로 (과도하게) 먼 시간적 거리가 만든 구성에 불과하다.

세상을 떠난 위대한 정신에게 더 이상 질문을 던질 수 없으므로 나는 그의 사상이 담긴 저서에 국한하여 그를 재창조해낼 것이다. 그의 글들은 프롬이라는 정신세계의 단면이기 때문이다. 게다가 프롬이라는 인간과 달리 그의 글은 살아남았기에 그 글에 집중할 수밖에 없는 현실적인 이유도 있다.

여기서 나는 한발 더 나아가 이 정신이 탄생하고 발전했으며, 이 정신에 영향을 준 장소들을 살펴보려고 한다. 그의 흔적들이 남아 있는 곳들을 말이다. 독일의 프랑크푸르트, 미국의 뉴욕, 멕시코의 멕시코시티, 스위스의 무랄토. 이 나라와 도시 들은 지금도 존재한다. 눈에 보이지 않는 사상과 달리 이 장소들은 보고 만지고 느낄 수 있다. 프롬이 살았던 집들, 새것으로 교체하지 않았다면 그가 만졌을지 모를 문고리, 그가 서서 강연을 했던 연단, 그가 앉아서 책을 읽었던 도서관, 어쩌면 그가 읽었을지도 모를 책들, 그가 학생들을 가르쳤던 대학들도 여전히 그 자리에 남아 있다. 그의 숨결이 깃든 이 장소들은 그의 정신을 나에게 상기시켜준다.

그러나 프롬이 살았던 장소 역시 하나의 감정이나 개념으로 정리할 수 없다. 과거의 뉴욕과 지금의 뉴욕이 다르기 때문이다. 화가들만 봐도 그렇다. 지금도 뉴욕에는 이 도시에서 자극과 영감을 받고자 하는 많은 화가들이 살고 있지만 뉴욕의 전성기는 뭐니 뭐니 해도 1960년대였다. 당시 소호는 세계 곳곳에서 온 젊은 화가들로 예술의 꽃을 활짝 피우던 곳이었다. 또한 프롬이 뉴욕으로 건너가 살면서 승승장구하고 있을 때, 그의 고향 독일에서는 600만 명의 유대인이 나치의 손에 잔인하게 살해되었다. 프롬이 멕시코시티에 연구소를 세울 당시는 어땠을까? 위험하지는 않았을까? 여기서 '위험하다'는 말은 어떤 의미일까?

나는 이곳저곳에 살며 일했던 한 지성을 좇아 여행을 하면서 그의 작품을 다시 살아 숨 쉬게 만들 합리적인 구성을 하고자 최선을 다할 것이다. 동시에 오래전에 세상을 떠난 한 시민과 지금의 프랑크푸르트와 뉴욕과 멕시코시티와 무랄토를 잇는 연결 고리를 어떻게든 찾아낼 것이다. 이러한 나의 노력이 고스란히 배어 있는 이 책에는 위대한 정신과 그 정신을 낳은 장소들에 대한 나만의 감상이 오롯이 담겨 있다.

뉴욕의 센트럴파크
산책로와 동물원 등이 있어 도시 생활에 지친 뉴요커들에게 좋은 휴식처가 되고 있다. 공원 언덕에서 프롬이 살던 아파트가 보일 정도로 그의 집과 가까운 곳에 위치해 있다. 프롬 역시 이곳을 산책하며 지친 마음을 달래지 않았을까.

『소유냐 존재냐』는
성공인가 실패인가

소유와 존재의 두 가지 길

프롬은 스위스 무랄토의 저택에서 심근경색으로 죽었다. 우리 모두는 죽음의 길을 피할 수 없다. 살아 있는 존재라면 언젠가는 이 길을 거쳐야 한다. 존재를 성찰하던 그는 어땠을까? 존재의 가장 구체적인 부분인 이승의 삶을 떠나야 할 때가 가까웠음을 마주한 그는 어떤 심정이었을까? 평소라면 의식적으로 죽음을 응시했을 테지만, 그는 이미 세 번의 심근경색으로 쇠약해져 있었다. 네 번째 심근경색이 재발했을 때는 마지막 순간이 왔음을 깨달았을지도 모른다. 어쨌든 프롬은 소유에 집착하지는 않았을 것이다.

죽음의 극복. 책을 쓰는 사람으로서 나는 이 말이 무슨 뜻인지 너무나 잘 안다. 죽음의 순간이 닥치면, 이제 때가 되었다고 느끼면, 그 순간 미니멀리즘이 생각날 것 같다. 가지지 않은 자는 잃을 것도 없다. 혹은 이 세상에 자신보다 오래 남을 수 있는 것들을 만들어놓았다면 그 마지막 순간에 안도감이 들지 않을까? 이 세상에 영원한 것은 없다는 사실을 안다 하더라도 말이다.

프롬은 서로의 손을 마주 잡을 수 없는 두 가지 다른 경험의 길을 '소유'와 '존재'라고 불렀다. 그는 **소유의 실존 양식**과 **존재의 실존 양식**을 엄격히 구분했다. 존재는 소유와 가상의 반대말이다. 존재와 소유는 절충될 수 없으며, 예외도 있을 수 없다. 프롬이 말한 존재의 실존 양식은 "학습과 기억, 말하기와 글 읽기, 지식과 사랑"이라는 상태나 활동이 왜곡되지 않은 순수한 형태로 경험될 경우에만 가능하다. 사람들이 사랑이라고 부르는 것은 존재의 상태를 의미할 수도 있지만 가짜 감정일 수도 있다.

소유의 실존 양식은 물질적 자산의 획득이나 소유를 포함하는데, 프롬은 친구나 지식, 추억, 이성理性도 가지기를 원해 물질화할 수 있다고 주장한다. 결국 소유의 증식을 목표로 삼는 한 그 사람은 항상 소유의 상태에 있다.(『소유냐 존재냐 Haben oder Sein』) 그런데 이렇게 상징적인 것, 은유적인 것으로 확장될 경우 소유의 개념이 모호해진다(실질적인 인간의 소유는 인간을 가두어놓고 이용하고 통제하는 노예제도에서나 가능하다). 여하튼 모든 것을 가질 수 있다면 소유의 끝은 어디란 말인가? 프롬이 말한 소유의 실존 양식은 심리학에서 이야기하는 객체화 상태를 의미한다. 따지고 보면 인간은 성공을 위해 다른 사람을 이용한다. 여기서 한 걸음 더 나아가 프랑스의 철학자이

프롬이 말년을 보낸 스위스
살 날이 얼마 남지 않았다는 것을 예감이라도 한 듯, 프롬은 요양을 위해 종종 찾았던 스위스로 거처를 옮겼다. 그는 이곳에서 『소유냐 존재냐』를 집필하고 인생의 마지막 전투를 준비했다.

자 사회학자 보드리야르Jean Baudrillard는 1968년에 출간한 유명한 저서『사물의 체계』에서 체험은 물론 윤리적인 행동까지도 꽤 쓸 만한 상품으로 개발할 수 있다고 주장했다.[3]

지금 유럽에서는 아시아의 명상이나 요가를 상품화하고 있다. 누구나 요가 선생이나 명상 전문가를 자처하며 트레이닝을 해주고 돈을 벌 수 있다. 수영이나 등산 같은 경험 자산들 역시 콘텐츠 산업과 경험 산업의 손아귀에 들어간 지 오래다. 바이오(친환경적으로 생산한 제품)와 공정 무역 제품은 상품의 가치를 무섭게 끌어올리고 있어 너도나도 아무 데나 갖다 붙이는 이름표가 되어버렸다. 교회들마저 종교를 상업화하여 재정을 충당한다. 프롬은 살아생전 이런 현상들을 강력하게 비판했는데, 종교적 가치의 영향력 감소와 자본주의, 즉 이윤 외에는 그 어떤 가치도 허용하지 않는 지금의 사회형태에 그 원인이 있다고 보았다.

프롬은 프로이트의 정신분석을 바탕으로 물질 취득의 심리적 과정을 '내사introjection' 혹은 '동화'라는 매우 구체적인 언어로 불렀다. 또 손에 잡히는 것은 무엇이든 입으로 가져가는 아기처럼 물질주의자를 돈과 명품을 삼키면 물질들을 영원히 붙잡아둘 수 있다고 착각하는 "영원한 젖먹이"라고 표현했다. 실제로 프롬이 죽고 40년이 지난 후에 나온 물질주의(소유를 통해 행복해질 수 있다는 믿음)에 관한 경험 연구의 결과들은 물질주의가 인간에게 지속적인 행복을 줄 수 없음을 보여준다. 삶의 기준을 소유와 돈에 두면 마음도 몸도 병들고 이기적이고 계산적인 행동으로 사람들과 원만하게 지내지 못해 외로워지며 창의력도 떨어진다고 말이다.

세속의 승려가 말하는 '웰빙'

나는 프롬의 발자취를 따라가는 이번 여행에 친구 만프레트와 함께했다. 우리가 첫 여행지로 선택한 곳은 스위스였다. 벌써 스위스에 여러 번 간 적 있지만 그때마다 존재에 몰입하기 좋은 곳이라고 생각했다. 스위스에 도착하자마자 우리는 햇살을 받아 아름답게 빛나는 호수와 주변 산들을 둘러보았다. 산과 호수와 자연의 나라, 등산과 스키의 나라, 소박하면서도 몸에 좋은 음식과 진실해 보이는 사람들이 있는 곳. 여기서는 잘 살 수 있을 것만 같은 기분이 든다.

우리는 취리히가 한눈에 내려다보이는 취리히베르크Zürichberg라는 오르막을 올랐다. 위에서 내려다보니 도시의 전체 구조가 한눈에 들어온다. 하나하나의 집이 아닌 주거지역이, 나무보다는 숲이, 도시를 연결하는 도로망이 보인다. 수십 년 전 나는 리버만Nira Libermann과 함께 시야를 확대하면 추상적 사고와 범주가 기억에서 활성화된다는 사실을 입증해냈다. 다시 말해 시야가 넓어질수록 사고의 범위도 더욱 확장되는 것이다. 예를 들어 골든리트리버가 '개' '동물' 나아가 '생명체'가 되는 것이다.[4]

언덕을 오르는데 만프레트가 질문을 던졌다. "프롬의 어떤 점에 감명을 받았어? 너와 어떤 점이 닮았다고 생각해?" 상대방을 논리로 무찔러야 하는 논쟁의 자리도 아니니 자유롭게 대답한다. "적극적으로 활동하고, 자신의 생각과 느낌을 억누르지 않고, 자아를 실현하며, 존재에 집중하고, 사람들이 행복하게 살 수 있도록 도움을 주는 태도. 이를 프롬은 '웰빙'이라고 불렀어."

취리히베르크에서 내려다본 취리히

높은 곳에서 아래를 내려다보면 나무가 아닌 숲을 보는 것과 같이 추상적으로 사고할 확률이
높아진다고 한다. 리버만과 트롭Yaacov Trope에 따르면 대상에 대한 우리의 해석 방식은 두 가
지로 나뉜다. 하나는 실현 가능성이나 돈·시간 등과 같은 비용에 초점을 맞추는 것이다. 이
경우에는 세세하게 따지고 재기 때문에 구체적 사고의 경향을 띤다고 할 수 있다. 또 하나는
바람직한 것을 중시하면서 전체적인 맥락을 이해하려는 태도로, 이는 추상적 사고에 가깝다.
프롬의 미션이 구체적으로 실현될 수 없는 까닭은 추상성 때문이 아닌가 하는 생각이 들었다.

그의 저서 중 어떤 책을 제일로 꼽느냐는 질문에는 1초의 망설임 없이 『소유냐 존재냐』라고 대답했다. 나는 소유해야 하는가? 나 자신과 나의 물질적 안정을 걱정하며 재산을 늘리고 물건으로 나를 채워야 하는가? 아니면 나는 존재해야 하는가? 사랑하고 나누고 세상을 적극적으로 변화시켜야 하는가? 그가 평생 했던 모든 말들이 이 책에 집약되어 있다. 그뿐만 아니라 이 책은 인생에서 진정으로 중요하게 여겨야 할 것들을 다루고 있다.

만프레트가 다시 물었다. "꼭 소유와 존재 중 하나를 골라야 할까?"

"예를 들어 동물원에 가려면 입장료를 내야 하잖아. 다양하면서도 다채로운 존재들을 보고 있으면 생명에 대한 경이로움이 느껴져. 아이들도 동물원에 자주 가면 자연을 더 사랑하고 아껴야겠다고 생각할지 몰라. 프롬이 살아 있었다면 아마도 만인에게 동물원을 무료로 개방해야 한다고 주장했을 거야. 소유는 나누어야 마땅하다고 생각했으니까. 그의 마지막 글들을 보면 그의 이상은 세속의 승려가 아니었나 싶어. 존재에 오롯이 집중할 수 있는 세속의 승려. 그렇게 되면 자본주의는 몰락하고 기후변화도 멈추고 빈부의 격차도 사라지겠지."

"그럼 프롬이 『소유냐 존재냐』를 쓴 보람은 없네. 이 책을 읽고 승려가 되었다는 사람을 본 적 없거든."

그의 말에 나도 모르게 풋 웃음이 터졌다. "맞아. 그렇게 볼 수도 있어. 『소유냐 존재냐』는 완벽한 실패작이라고! 많은 사람들의 간담을 서늘하게 만들었을지는 모르지만 이 책을 읽고 나서 절이나 수도원으로 들어간 사람은 없으니까. 게다가 앞으로 100년 안에

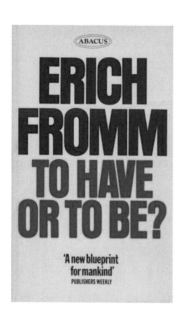

『소유냐 존재냐』 초판본 표지(왼쪽)와
프롬에게 영향을 받아 쓴 『소유는 존재와 더불어 무엇을 하는가』의 표지

나는 스무 살 때 『소유냐 존재냐』를 읽고 큰 감명을 받아 심리학으로 진로를 바꾸고 소유하는 삶이 아닌 존재를 추구하는 삶을 살기로 결심했다. 2015년에는 『소유는 존재와 더불어 무엇을 하는가』에서 프롬 사후의 연구 결과들을 요약하고 내 나름대로 소유와 존재의 모델을 제시했다. 프롬의 이론에 전적으로 동의하지는 않지만 그의 사상이 없었더라면 탄생하지 못했을 모델이었다.

인간의 탐욕은 지구를 파괴하고 말 것이며, 정치적으로도 변화를 기대하기는 어려울 거야. 네 말대로 『소유냐 존재냐』는 사람들을 설득하지 못했어."

"어쩌면 『소유냐 존재냐』는 현대인이 느끼는 양심의 가책을 반영한 게 아닐까? 때로는 그것만으로도 의미 있을 때가 있잖아. 어쨌든 이 책이 사람들의 경각심을 일깨우는 데는 한몫했으니까. 물론 프롬의 경고를 무시해버린다면 예전과 다를 바 없이 살아가겠지만."

"네 말이 맞을지도 모르겠다. 프롬은 『자유로부터의 도피』에서 부터 늘 주장했어. 성직자나 선동가는 대중의 감정을 수용하고 강화해야 성공한다고. 어쩌면 『소유냐 존재냐』도 그랬을지 몰라.

우리는 다람쥐가 쳇바퀴 돌듯이 반복되는 일, 일, 일에 치여 스트레스를 받고 짜증을 내. 물건이 넘치도록 많은데도 도무지 행복해하지 않지. 시간은 덧없이 흘러가고 인생을 즐길 여유는 사라져만 가. 부모님을 그나마 괜찮은 요양원에 보내겠다고, 자식들을 대학에 보내겠다고 뼈 빠지게 일하지만 정작 부모님을 찾아뵙거나 아이들과 놀아줄 시간이 없어 양심의 가책을 느끼곤 하지. 밤마다 가진 것들을 잃을지도 모른다는 불안 때문에 잠을 제대로 자지 못해 몸도 마음도 다 병들고……. 프롬은 현대인들이 느끼는 불안을 보여주었고 사람들은 그의 글을 읽고 충격에 빠졌지. 하지만 그것도 잠시뿐, 행동의 변화를 가져오지는 못했어."

물질주의를 주제로 강연을 하다 보면 이런 질문을 자주 듣는다. "저도 환경을 위해서 자동차를 없애야 한다는 생각에는 동의하지만 그렇게 되면 매일 누가 우리 아이들을 학교와 학원에 태워다줄까요?" 어떤 사람은 이런 말도 했다. "저도 당연히 친환경 제품을 사고 싶죠. 하지만 제가 직장이 없다 보니 아이들한테 남들만큼 해주는 것도 쉽지 않아요. 제 형편에 40유로나 하는 비싼 친환경 닭은 그림의 떡이에요."*

이 사람들은 '소유냐 존재냐'라는 주제에 관심이 많지만 사변적인 논리가 아닌 실생활에 적용할 수 있는 구체적인 해결 방안을 원한다. 그런데 그런 해결 방안이 없을 때가 많고, 설사 있다 하더라도 너무 요원하다. 결국 행복을 찾고 죽어가는 지구를 되살리자면 소유를 포기하는 수밖에 없다.

"그래도 프롬의 공이 크지. 정치가와 사상가 들이 도움을 주기는 했지만 프롬이 사람들의 생각을 많이 바꾸어놓은 것은 사실이니까. 지금은 모두가 기후 보호를 외치잖아. 플라스틱을 금지하는 나라도 생겨났고. 게다가 평화운동 덕분에 유례없이 긴 평화**를 누리고 있으니, 프롬이 아무것도 하지 못했다고는 말할 수 없을 거야."

만프레트가 감탄하는 표정으로 주변을 둘러보았다. 그러나 어린 아이처럼 반짝이던 그의 눈빛이 곧 침울한 걱정으로 흐려졌다. "우리가 가진 것 중에 제일 아름다운 게 자연인데, 자연을 구하지는 못할 거야. 인간은 욕심이 너무 많아서 포기를 모르는 존재니까."

---

* 독일에서는 3유로면 싼 닭고기를 살 수 있다.
** 긴 평화란 제2차 세계대전 종식 이후부터 현재까지의 역사적 시대를 의미한다. 특히 제2차 세계대전 이후 미국과 소련을 중심으로 냉전 체제가 형성되었는데, 두 나라는 긴장 관계에 있었을 뿐 전쟁을 일으키지는 않았다. 그래서 냉전 시대사의 최고 권위자인 개디스John Lewis Gaddis 교수는 냉전 시대를 '긴 평화Long Peace'라고 명명했다. —옮긴이

취리히베르크에서 내려와 '되르플리Dörfli'에서 카푸치노 두 잔을 마셨다. 취리히 사람들은 구도심을 이렇게 부른다. 16유로에 가까운 금액인데도 공정 무역 커피인지 묻지도 않고 사버렸다. 또 유혹을 이기지 못하고 세계 최고라고 자랑하는 마카롱 한 박스를 사서 걸어가는 동안 다 먹어치우고 말았다. 우리는 "이 정도는 먹어도 돼"라고 이야기하며 서로를 달랜다. 하지만 과연 그럴까? 누가 우리에게 그래도 된다고 말해줄 수 있을까? 잘사는 나라에서 태어난 우리에게는 누리는 그 모든 것이 선물이 아닐까? 우리는 취리히 호숫가를 거닐며 흐린 날씨 탓에 잿빛을 띤 수면에 드문드문 흩어진 보트를 바라보았다.

취리히의 구도심 '되르플리'
취리히베르크를 내려와 웅장한 저택이 늘어선 부촌을 지나 취리히의 구도심을 걸었다. 손질
이 잘된 멋진 정원들과 하늘을 찌를 듯한 건물들을 보고 있자니 눈이 즐겁다. 아름다움은 유
혹적이라는 생각이 다시금 들었다.

사랑과 죽음의 나라,
멕시코에서

많이 가졌으면서도 기쁘지 아니한가

물질주의를 연구하는 학자들은 여행을 '경험 자산'이라고 부르는데, 이는 비용을 지불해야만 얻을 수 있다.[5] 경험 자산의 가치는 오로지 추억에서만 나오며, 연구 결과로 입증되었듯 시간이 지날수록 점점 커진다. 인간은 본능적으로 과거를 아름답게 포장하기 때문에 물질보다는 체험에 투자하는 사람이 더 행복하다고 한다. 물질적 소유는 세월이 가면 빛을 바래지만 경험 자산을 통해 얻은 추억은 시간이 지날수록 가치가 높아지기 때문이다.

그러니까 내가 이 이야기를 꺼낸 것은 우리의 멕시코 여행이 엄청나게 많은 돈만 잡아먹은 것이 아니라는 말을 하기 위해서다. 멕시코라고 하면 내가 아는 것이라고는 칼로Frida Kahlo, 타코스·브리토·케사디야 같은 멕시코 음식, 범죄, 마야 신전, 사막, 인신공양, 제임스 본드의 영화에서 보았던 해골과 망자의 날이 전부였다. 나와 만프레트는 파스Octavio Paz의 책과 여행 안내서를 읽으며 열심히

소칼로 광장

멕시코시티를 대표하는 곳으로, 정식 명칭은 헌법 광장이다. 국립궁전, 메트로폴리타나대성
당, 멕시코 예술궁전 등 볼거리가 다양하다. 푸른 하늘과 강렬한 원색의 건축물들이 대비를
이루어 더욱 눈이 부시다.

자료를 수집하고, 멕시코 문화를 조금이나마 이해해보고 싶어서 3주 일정의 단체 관광을 예약했다.

기대로 가득했던 우리의 멕시코 여행은 일행들의 불평으로 시작되었다. 밤새 전기가 끊겼는지 아침 식사로 나온 음식이 찼기 때문이다. 우리 유럽인들을 생각하여 준비한 듯한 뮈슬리Müsli, 요구르트, 꿀 제품들이 있었지만 그들은 끊임없이 불평을 늘어놓았다.

만프레트는 뮈슬리를 한번 더 담으면서 피곤하다는 듯이 이야기했다. "뮈슬리도 고급인 데다가 있을 건 다 있는 거 같은데, 저 사람들은 만족을 모르는 것 같아."

"식사가 문제는 아닐 거야. 자신들이 극진한 대접을 받아야 하는 사람들이라는 것을 보여주고 싶은 거지."

"집에서 누리던 것을 외국에서도 누릴 수 있다고 생각하는 것부터가 잘못이야. 그럴 거면 뭐 하러 여행을 해. 다른 나라, 다른 풍습을 접해보려는 거잖아."

심리학자로서는 드물게 사회학에도 관심을 보인 프롬은 인간의 개인적 차이와 더불어 집단과 환경, 사회에도 성격이 있다는 사실을 발견했다. 모든 집단에게는 다른 집단과 구분되는 본질적인 공통점이 있다는 것이다. 프롬은 이것을 **사회적 성격**이라고 불렀다. 사회적 성격이란 "한 집단 구성원 대부분이 갖는 성격 구조의 본질적 핵심으로, 그 집단의 기본 경험과 생활 방식의 결과로서 발달한다."(『자유로부터의 도피Die Furcht vor der Freiheit』) 인간은 특정한 역사적 조건에서 탄생한 특수한 사회에서 사회규범이나 기준을 학습하며, 이것들은 개인의 감정·사고·경험에 직접적으로 또는 무의식적으로 영향을 미친다.

"내가 보기에 저 사람들은 굉장히 물질주의적인 것 같아. 버스에서 들어서 알겠지만 집이 몇 채인지, 과거에 어떤 자리에 있었는지 등 생활수준을 매우 중요하게 생각하잖아. 프롬이 이 광경을 보았다면 물질주의자는 결핍을 채우기 위해 돈 자랑을 해대며 잘난 척한다고 말했을 거야.

저 사람들은 전후 세대들이야. 부모 세대들이 수치심과 죄의식 속에서 독일 재건에 매진할 때였으니 부모의 관심을 못 받고 자랐을 가능성이 커. 어쩌면 저 사람들의 부모들은 아이를 낳기만 하고 울어도 그냥 내버려두었거나 귀찮은 짐짝처럼 취급했을지도 몰라. 남을 위로하는 법이나 조건 없이 사랑하는 법을 알지 못하면 보이는 것으로만 남들의 사랑을 받으려고 애쓰는 법이지."

"왜 저 사람들은 문화적 차이를 인정하지 못하는 걸까? 멕시코 사람들이 우리와 같기를 기대할 수 없는 거 아니야? 이곳 사람들은 조금 느릴 뿐이잖아."

"그게 우리의 사회적 성격인 거야. 독일인들은 늘 능률과 성과를 강요당해왔어. 프롬은 프로테스탄티즘을 그 원인으로 보았지. 날 때부터 신이 흡족할 만큼 성과를 올려야만 신에게 다가간다고 배웠으니까. 그래서 열심히 일해야 하고, 속도를 내야 하고, 효율적이어야 한다고 말이야. 그게 규범이야. 그러한 것들을 학습한 독일인들 눈엔 당연히 이곳 웨이터들의 태도가 납득이 안 되겠지."

"저기 저 부자들은 평생 일하느라 교회 근처에도 못 가봤을걸. 그러니 종교의 영향을 받았다는 건 말이 안 돼."

"프로테스탄트들이 추구하는 삶의 방식이 무의식적으로 우리 뇌리에 깊이 박힌 거지. '성과를 내야 한다'는 사고방식, 네가 잘 못 살면 그건 다 네 탓이고 네가 게을러서 그런 거라는 생각 말이야. 저 사람들은 웨이터가 게으르다고 생각하면서 한편으로는 자기들이 푸대접을 받는다고 여기고 있어. 당연히 말도 안 되는 생각이지. 프롬이었다면 저 사람들을 '나르시시스트'라고 불렀을 거야. 온 세상이 자기를 중심으로 돌아간다고 생각하는 나르시시스트. 저 사람들은 이곳 사람들의 가치가 우리와 다르다는 사실을 인식하지 못하고 있어. 파스도 멕시코 사람들은 어떻게 해도 운명을 바꿀 수 없다고 믿기 때문에 성과를 올리려는 동기가 부족하다고 말했어.[6] 그러니까 이 사회의 기본자세는 우리와 전혀 달라. 나르시시스트들이 그런 걸 이해하지 못하는 것이 안타까울 뿐이야."

"딱해."

"저 나르시시스트들은 마음의 빈자리를 물질적인 것으로 채우려고 해. 그래서 웨이터들에게 친절한 서비스를 강요하는 거지. 그런 친절이 그저 웨이터라는 직업상의 일에 불과하다는 사실도 모른 채말이야. 물론 저 사람들 중에 의무감이 만족감을 충족시킬 수 없다는 사실을 아는 이도 있겠지. 그래서 서비스를 받아도 마음이 허한 거야. 평소에는 마음에 구멍이 뚫린 줄도 모르고 살다가 환경이 바뀌거나 생각지도 못한 일이 일어나면 새삼 절실하게 느끼는 거지. 한마디로 마음의 영양실조라고나 할까."

"그 말을 들으니 좀 안됐다는 생각이 드네. 뭐, 이해가 아예 안 되는 건 아니야. 큰돈을 들였음에도 바라던 것을 전혀 받지 못하고 있

카라바조, 〈나르키소스〉 (1599)

나르시시즘은 그리스신화에서 나르키소스가 물에 비친 자신의 모습에 반하여 자기와 같은 이름을 가진 나르키소스, 즉 수선화가 된 데서 유래한 말로, 독일의 정신의학자 네케Paul Näcke가 만든 용어다. 일반적으로 자아도취나 자의식 과잉을 비유하는 말이지만, 심리학에서는 리비도libido의 대상이 자기 자신인 경우를 일컫는다. 프롬은 프로이트의 나르시시즘 개념을 발전시켜 나치즘과 같은 파괴적인 행위에서 나르시시즘의 역할을 살펴보며 그 심리적 동인을 분석했다.

으니까. 하지만 저 사람들이 원하는 걸 얻지는 못할 거야."

"맞아. 물질주의자면서 바라는 것은 역설적이게도 물질적인 게 아니니까. 행복, 관계, 아름다운 인생 같은 걸 바라니 전부 다 가졌으면서도 가진 게 하나도 없다고 느끼는 거지."

만프레트와 이야기하다 보니 프롬이 신약성서 「히브리서」의 "이렇게 많이 가졌으면서도 너희들은 기쁘지 아니한가?"라는 구절을 인용한 인터뷰가 떠올랐다.

대화가 끝나기 무섭게 웨이터가 샴페인 두 잔을 들고 왔다. 아침에는 술을 마시지 않기 때문에 처음에는 거절했다가 마음을 고쳐먹었다. 우리는 뜻밖의 선물을 반가이 받아들고 서로에게 윙크를 보내며 건배를 했다. 이 특별한 여행을 위해.

멕시코 정신분석의 요람

식사를 마치고 나선 시내 관광은 감동이었다. 소칼로Zócalo 광장에는 아메리카 대륙에서 가장 크고 가장 오래된 성당이자 멕시코 대주교의 거처인 메트로폴리타나대성당이 우뚝 서 있다. 그 옆에는 극명한 대비를 이루며 템플로 마요르가 자리하고 있다. 국립궁전에 들어가니 화가 리베라Diego Libera의 프레스코화가 감탄을 자아냈다. 리베라는 멕시코의 역사를 사회주의 관점에서 비판적으로 조명한 화가다.

가이드는 프레스코화에 담긴 의미부터 멕시코인들의 사회적 성격

멕시코 국립궁전

소칼로 광장 동쪽에 위치해 있으며, 지금은 대통령 집무실로 쓰이고 있다. 멕시코 최대 축제인 독립기념일 행사가 이곳에서 열린다.

국립궁전을 장식한 리베라의 프레스코화

국립궁전 2층으로 올라가는 계단의 벽면은 리베라의 프레스코화로 가득 채워져 있다. 스페인 사람들이 원주민들을 어떻게 학살했고, 마야와 아스테카 사람들의 생활 터전인 옥수수 농장을 어떻게 짓밟았으며, 어떤 방식으로 가톨릭 종교로의 개종을 강요했는지 등이 생생하게 그려져, 멕시코 역사의 대서사시를 한눈에 살펴볼 수 있다.

에 관한 이야기를 들려주었다. 여러 이야기 중 죽음을 대하는 그들의 태도가 내 마음을 사로잡았다. 1985년과 2017년 그리고 2018년에 멕시코에 지진이 발생해 수천 명이 죽었다고 한다. 그런데 그때마다 뉴스에서는 희생자들을 애도하는 것이 아니라 농담거리로 삼았다고 한다. 가이드는 멕시코인들의 이러한 태도를 마야와 아스테카의 고대 문명과 기독교 문화를 이어주는 다리로 해석했다.

16세기에 코르테스Hernán Cortés를 위시한 스페인의 정복자들은 수천 년간 이어진 멕시코 문명을 산산조각 냈다. 이들은 원주민들을 학살하고 그들의 문화를 파괴했으며 유럽의 기독교 문화를 강제로 이식하려고 했다. 그럼에도 멕시코인들이 집단 자살극을 벌이는 방식 등으로 저항한 덕분에 그들의 사회적 성격은 사라지지 않고, 그들이 죽음을 대하던 태도와 의례가 지금까지 고스란히 전해질 수 있었다.

우리에게 잔혹하고 야만적인 풍습이라고 알려진 인신공양에 대한 뒷이야기도 들을 수 있었다. 제물로 뽑힌 사람은 사후에 더 나은 삶을 보장받기 때문에 자신의 희생을 명예롭게 생각했다고 한다. 어쩌면 제물이 되겠다고 자청한 사람들도 있지 않았을까? 게다가 마약으로 인한 환각 상태에서 제물로 바쳐졌기 때문에 공포도 고통도 없었을 것이다.

사실 마야와 아스테카 문화에 대해서는 알려진 것이 별로 없다. 멕시코에 온 최초의 스페인 역사가 몇 명이 멕시코 문화에 대한 자신들의 이론을 퍼뜨리기 위해 원주민들의 책을 불태워버렸기 때문에 멕시코 역사의 많은 부분이 베일에 가려져 있다. 그래서 이들의 역사는 사료가 부족한 탓에 역사적 상상력에 기반한 것이 많다.

　시내 관광을 뒤로하고 나와 만프레트는 프롬의 정신분석연구소를 방문하기 위해 단체 일정에서 빠졌다. 1951년, 프롬은 멕시코국립자치대학교 의학대학 교수로 초빙되어 정신분석 교육 희망자들을 대상으로 강좌를 시작했다. 1963년에는 멕시코 정신분석연구소를 열었고 1965년에 정년퇴직했다. 멕시코를 시작으로 정신분석이 중남미 전역으로 널리 보급되는 데 프롬이 많은 기여를 했다는 지게Ziege의 주장은 과장이 아니다.7 연구소 설립은 획기적인 사건이었고, 연구소는 심리치료실은 물론 상담실, 도서관, 세미나실, 강연장까지 갖추고 있었다. 3층에는 게스트룸이 있어 멕시코시티에서 차로 한 시간 거리에 살던 프롬도 이곳을 자주 이용했다고 한다.

　프롬은 1950년대부터 멕시코에서 정신분석가를 양성했다. 질병의 성적 병인을 강조하는 정통 프로이트 이론과 거리를 취하면서, 미국과 서독의 정신분석학자들과 함께 1962년 국제정신분석연맹International Federation of Psychoanalytic Societies을 설립하여 정통성을 강조하는 국제정신분석협회International Psychoanalytical Association와 대립각을 세웠다. 이들은 성적 충동의 억압이 무의식에 자리하고 있다가 행동으로 표출된다는 프로이트의 이론에 반기를 들었다. 주변 세계와 환경도 개인의 심리에 영향을 미치는 요인으로 간주했고, 장애에 초점을 맞추지 않고 일상생활에서 인간이 느끼는 만족과 행복을 분석의 목표로 천명했다.

　프롬의 연구소는 생각보다 쉽게 눈에 띄지 않았다. 물어물어 간신히 연구소 건물을 찾기는 했는데 건물을 보자마자 실망감을 감출

멕시코인들의 사회적 성격이 반영된 카테리나

죽음을 터부시하는 유럽인들과 달리 멕시코인들은 죽음을 이야기하는 데 거리낌이 없다. 세상을 떠난 가족과 조상을 기리는 '죽은 자들의 날'이라는 기념일이 있을 정도다. 이들의 사회적 성격을 보여주듯이 거리 곳곳의 쇼윈도에는 해골을 모티프로 한 상품이 진열되어 있다. 티셔츠와 가방은 물론 찻잔과 항아리에도 해골이 그려져 있다. 그중에서도 지천한 것이 고운 멕시코 야외복을 입고서 담배를 입에 문 해골 카테리나다. 죽음을 초월한 듯 미소를 머금은 카테리나의 모습에서 인생무상을 느낀다.

수 없었다. 크고 웅장한 건물일 것이라는 나의 기대, 나의 선입견, 이곳이 멕시코 정신분석의 요람이라는 나의 배경지식이 무의식적으로 큰 건물을 상상했던 모양이다. 예전에 사진으로 이 건물을 한번 본 적이 있다. 홀로 우뚝 선 우아한 입방체의 하얀 건물이 찍힌 상당히 낡은 흑백사진이었다. 전면이 유리벽으로 되어 있어 인상적이었다. 그러나 예전과 달리 지금은 홀로 서 있지도 않은 데다 양옆에 들어선 건물 때문에 잔뜩 주눅이 든 듯 초라한 인상마저 풍겼다. 반짝이던 흰색은 더러워졌고 뒤편의 울타리에는 보기 싫은 낙서가 가득했다. 이런 의미 있는 건물을 방치해도 되나? 왜 관계자들은 이렇게 가치 있는 볼거리를 내버려두는 것일까? 하는 생각이 머릿속을 맴돌아 당혹스러웠다.

이러한 나의 복잡한 심정을 알아챈 듯, 만프레트가 나름대로의 해석을 내놓았다. "이곳 사람들에게는 별 가치가 없을 수도 있어. 신경을 써야 할 다른 것들이 많이 있는 게 아닐까? 아니면 멕시코인들은 심리 치료를 안 받는 게 아닐까?" 노이바우어Jürgen Neubauer의 책을 찾아보니, 요즘에는 멕시코 사람들도 심리 치료를 많이 받지만 여전히 민간 치료나 점술에 많이 의존한다고 한다.

그런데 이곳에서도 유럽과 같이 행동 치료 클리닉이 한창 인기인 모양이다. 행동 치료는 정신적인 것이 아닌 환자의 행동을 통제하고 교정하려는 심리 치료법이다. 하지만 유럽에서 한창 인기몰이 중이며 행동 치료와 작별을 고한 시스템 치료 모델이 이곳에는 아직 소개가 안 된 모양이다.

어쨌든 나는 여기까지 온 김에 만프레트에게 건물 내부를 구경하

멕시코 정신분석연구소
멕시코국립자치대학교에서 조금 떨어진 뒷골목에 자리하고 있어 연구소를 찾는 데 한참을 헤맸다. 화려했던 과거의 영광과 달리 지금은 초라한 인상마저 풍길 정도로 낙후되어 안타까움이 밀려왔다.

멕시코국립자치대학교 중앙도서관

프롬의 연구소를 찾던 중 화려한 모자이크가 박힌 인상적인 탑 모양의 중앙도서관이 눈에 들어왔다. 멕시코의 건축가이자 화가인 오고르만Juan O'Gorman의 작품으로, 그는 리베라와 칼로 부부의 집과 스튜디오를 설계하기도 했다. 캠퍼스를 수놓은 수많은 현대 건축의 아이콘들 덕분에 이 대학은 2007년 유네스코 세계문화유산으로 지정되었다.

자고 했다. 사람들이 출근하지 않는 날이어서 그런지 정적만이 감돌았다. 분명 한때는 사람들이 북적거리는 인기 장소였을 것이다. 생명이 넘치던 곳, 열띤 토론과 인상적인 심리 치료가 열리던 곳이 지금은 역사가 되었다. 나는 오래전에 정신분석과 작별을 고했지만 (프로이트 전집은 스무 살 때 병역 대체 복무를 하면서 읽었다) 이 순간만큼은 약동하던 그 시절이 가버렸다는 사실이 아쉽다.

병든 사회가 병든 인간을 만든다

프롬은 멕시코를 좋아했지만 멕시코 문화에는 관심이 거의 없었던 것 같다. 그가 멕시코 사회에 안착했거나 동화되려 노력했다는 느낌조차 들지 않는다. 그는 멕시코에 살면서도 너무나 자주 뉴욕을 찾았고 멕시코 병원보다는 미국 병원을 선호했다.

프롬이 멕시코 문화에 대해 관심을 가지기 시작한 것은 멕시코 농촌 사회의 성격을 조사할 때부터였다. 그는 사회 기준, 규범, 규칙과 역사적 사건이 인간의 심리에 영향을 미친다고 가정하고, 1910년대 멕시코혁명 이후 농부들이 원하던 땅을 소유하게 되었음에도 그들 중 일부의 개인적 상황이 더 나빠지게 된 까닭을 집중 조명했다. 그리고 1970년에 자신의 사회성격이론을 멕시코 농촌 사회와 결부시킨 연구 결과를 발표했다.[8]

농부들이 대지주에게서 해방된 이후 알코올에 의존하거나 폭력을 휘두르는 경우가 증가했는데, 프롬은 그 원인을 대농장 문화 시기에 학습된 태도 때문이라고 보았다. 종속 관계가 오랫동안 지속된 상황에서 자존감을 상실한 농부들은 수용적이고 굴종적이며 비생산적인 성격을 키웠고, 따라서 준비되지 않은 상황에서 되찾은 자유를 어찌해야 할지 몰라 오히려 부담스러워하게 되었다는 것이다. 더구나 그 모자란 자존감에서 비롯된 바람직하지 못한 행동 방식은 자녀에게 대물림되었다.

프롬의 연구팀은 현장 조사의 일환으로 봉건적 구조에서 살았던 마을 사람들과 자유를 얻기 전에도 땅을 소유하고 있던 사람들을 비교했다. 후자는 혁명으로 인해 달라진 사회환경을 적극 활용하여 자기 땅을 효율적으로 경작하는 것에만 그치지 않고 비생산적인 마을 주민들을 이용하며 착취할 줄도 알았다. 알코올중독자의 땅을 매입하거나 빌려서 작은 가게나 학교를 짓는 방식으로 꾸준히 복지 수준을 높여갔다. 특히 이들은 품이 많이 드는 대신 수익률이 높은 쌀과 야채를 주로 심었다.

그에 반해 전자의 생산성이 낮은 농부들은 수익률이 높지 않더라도 위험부담이 적은 사탕수수를 늘 하던 대로 심었다. 사탕수수 농사를 짓기 위해 협력적인 계절노동자가 필요해지면서 이들 간의 새로운 종속 관계가 형성되었다. 비생산적인 농부들은 또한 알코올에 쉽게 중독되었다. 농장에서는 사탕수수즙을 발효시키면 손쉽게 술을 만들 수 있었기 때문에 언제든지 대량으로 술을 마실 수 있었다. 게다가 그들에게는 술 마실 시간도 충분했다. 사탕수수는 경작하기가 쉬울뿐더러 힘든 수확일은 계절노동자들이 했기 때문이다.

한편 연구팀은 부부 관계와 복지의 상관관계에 대해서도 조명했

멕시코혁명

멕시코 농민들은 사랑하는 조국을 독재 정권의 손아귀에서 구해내고 자신들의 가족을 지키기 위해 들고일어났다. 혁명의 불길은 7년간 타올랐으며, 1917년 헌법을 통해 대토지 소유가 무너지고 노동자와 농민의 권리가 강화되었지만 오히려 사회적·경제적 불평등은 더욱 심화되었다.

다. 돈을 잘 버는 부부의 경우, 두 사람 모두 일을 열심히 하고 돈을 낭비하지 않았다. 버는 돈은 자식 교육에 쏟거나 사업 확장에 투자했고 미래를 위해 저축했다. 돈을 많이 못 버는 가족의 경우에는 특히 남편이 비생산적이었다. 심리적으로 허약해서, 실천력이 부족해서 엄마 치맛자락에 매달렸고 그런 자신의 부족한 점을 들키지 않으려고 일부러 마초인 척했다. 마초 성향의 남성들은 명예를 훼손당하거나 어머니가 모욕을 당하는 경우 얼마간의 남은 자존심(혹은 그 대용품)을 지키기 위해 폭력으로 맞서기도 했다. 이런 남성의 아내 중에는 더 나은 인생을 살고 싶어도 감내하며 가정을 지키는 여성이 많았다. 이들은 무뚝뚝하고 냉정하게 남편을 대하거나 비난하는 식으로 불만을 표출했고, 그럴수록 남편은 술에 취해 아내를 함부로 대했다.

프롬은 이런 사례들을 통해 자신이 세운 가설에 부합하는 결과를 얻을 수 있었다. 그러나 농부 개개인이 처했던 유년 시절의 집안 상황과 생활환경 등을 고려하지 않은 것은 아쉬움이 남는 부분이다.

프롬의 연인들

프롬에게 멕시코는 분명 많은 의미가 있는 나라였을 것이다. 빛과 그림자, 사랑과 죽음, 구원과 각성이었을 것이다.

프롬은 1950년에 멕시코로 갔다. 당시 아내였던 헤니Henny Gurland가 많이 아팠기 때문이다. 그녀가 조현병이었다고 말하는 사람도 있고, 조울증이어서 기분이 오락가락했다고 주장하는 사람들도 있다. 어쨌든 프롬은 미국에 있을 때에도 그녀를 위해 버몬트주 베닝턴에 집을 한 채 구입한 적 있다.

프롬을 만나기 전 헤니는 두 번의 이혼을 했고, 당시에는 공산주의 신문이었던 《포어베르츠Vorwärts》에서 사진기자이자 기자로 일했다. 그녀는 나치가 정권을 잡자 유명 철학자 베냐민Walter Benjamin과 함께 프랑스에서 스페인으로 국경을 넘어 미국으로 망명하기로 결심했다. 그러나 베냐민은 스페인 국경 마을인 포르부Port Bou에서 자살로 생을 마감했고, 헤니만 미국으로 무사히 건너갔다. 다만 이 과정에서 폭탄 파편이 그녀의 몸에 박히게 된다. 폭탄 파편을 완전히 제거하지 못한 그녀는 평생 동안 만성통증과 함께 트라우마에 시달렸다.

프롬은 헤니가 휴양하며 치료할 수 있게 온천이 있는 멕시코로 간다. 그녀는 대안 치료에 전념하기로 하고 병원 약을 대부분 끊는다. 그 역시 그녀를 돌보는 데 많은 시간을 할애했으나 통증과 우울증은 걷잡을 수 없이 그녀를 잠식해갔다. 결국 1952년 프롬은 욕실에서 숨이 끊어진 헤니의 주검을 발견한다. 그가 친아들 못지않게 키웠다는 요제프는 엄마의 사인이 심근경색이라고 주장했지만, 요제프의 아내 도리스의 입에서는 자살이라는 말이 새어나왔다.

게다가 같은 해에 프롬과 오랜 세월을 함께한 소중한 동료인 호나이Karen Horney마저 세상을 떠난다. 일부 작가들은 프롬이 그 일로 우울증에 빠졌고 몇 차례의 정사로 위안을 삼으려 했다고 주장한다.

그러다가 1953년 12월, 프롬은 뉴욕에 있을 때부터 알던 애니스

Annis Freeman와 결혼한다. 애니스는 변호사였던 남편이 세상을 뜨면서 엄청난 유산을 물려받았다. 프롬은 그녀의 네 번째 남편이었고 애니스는 프롬의 세 번째 아내였다. 당시로서는 손가락질을 받을수도 있을 사랑이었지만, 사랑을 자신을 갈고 닦는 훈련이라고 정의한 프롬이었으니 분명 몇 번의 결혼도 관계 능력과 선택의 지속적 개선이라고 생각했을 것이다.

두 사람은 멕시코시티에서 차로 약 한 시간 거리인 쿠에르나바카Cuernavaca에 없는 것이 없는 호화 저택을 지었다. 아침은 발코니에 나가 먹었고 점심 식사는 테라스에서 한 후 품질 좋은 시가로 마무리했다. 저녁에는 사람들을 초대하여 식사를 하거나 파티를 열었고 프롬이 무척 좋아한 하시디즘* 음악을 틀어놓고 춤을 추었다. 두 사람은 입맛이 까다로워서 멕시코 음식보다는 독일 빵집과 가게를 선호했고 프랑스 샴페인을 자주 마셨다. 널찍한 정원에는 시냇물이 흘렀고, 프롬은 집 부근의 땅도 사들여 정원에서 사람 손을 타지 않은 자연을 감상했다. 그는 늘 쪽지와 편지에 애니스에 대한 사랑과 그리움을 담아 표현했고 매일 작은 선물로 그녀를 감동시켰다.

세계 정치에 관심이 많았던 두 사람은 평화운동과 환경 운동에도 동참했다. 책에서는 물질주의를 비판하고 1950~1970년대의 가장 유명하고 글발이 센 네오마르크스주의자 중 한 사람으로 인정받은

---

* 하시드Hassid란 히브리어로 신의 약속을 수호하는 사람이라는 뜻으로, 하시디즘은 18세기 폴란드와 우크라이나의 유대교도 사이에서 시작된 신비주의적 성향의 신앙 부흥 운동을 말한다. 복잡한 탈무드의 가르침이나 경전에 대한 믿음과는 반대로 하시디즘은 신의 계시가 갖는 현재적 의미를 강조했다. ─ 옮긴이

쿠에르나바카

헤니의 병을 치료하기 위해 멕시코시티로 이주했던 프롬은 애니스와 결혼한 후에는 멕시코시티에서 자동차로 한 시간 정도 떨어진 쿠에르나바카로 거주지를 옮겼다. 그는 자택에 사람들을 초대하여 토론하는 것을 즐겼는데, 초대자 명단은 곧 당대의 유명 인사 명단이라고 할 정도로 남녀노소를 불문하고 유명한 학자들의 이름으로 빼곡했다.

그였지만 일상에서는 사치를 누리면서 이것이 모순적인 행동이 아니라고 생각했다. 당시 사람들은 그러한 행동의 원인을 프롬의 아내 사랑에서 찾았다. 그가 아내를 너무 사랑한 나머지 아내의 생활 방식을 따랐던 것일 뿐, 그녀가 없었다면 고급 음식도 다 무의미했을 것이라고 말이다.[9] 어쨌든 이런 생활이 그에게는 도움이 되었던 것 같다. 동료들은 나르시시스트에 불평꾼이던 프롬이 명랑하고 마음이 따뜻한 사람으로 변했다고 증언한다.

두 사람은 사랑의 힘으로 힘든 수술도 이겨냈다. 1958년 애니스는 유방암 진단을 받아 양쪽 가슴을 절단했다. 프롬도 이런저런 질환에 시달렸다. 1940년대까지 결핵으로 활동을 오랫동안 중단한 적이 많았다. 그러다 결국 1968년 첫 심근경색이 찾아와 프롬은 공식적인 활동을 대부분 접었다.

파멸했다가 다시 우뚝 서다

앞서 이야기한 것처럼 프롬은 언행이 일치하지 않는다는 비난을 자주 들었다. 베닝턴과 쿠에르나바카의 집은 결코 소박하다고 할수 없을 저택이었고, 특히 애니스와 함께 살 때는 낭비라는 느낌이들 정도로 사치했다. 그는 비싼 차를 타고 다녔고, 맛난 음식과 샴페인을 즐겼고, 애니스에게 비싼 초콜릿을 선물했으며, 독일인 요리사를 고용해 어릴 때 먹었던 독일 음식을 즐겼다. 이런 생활이 가능했던 것은 여러 책의 성공으로 부와 명성을 누리고 있었기 때문이다. 실제로 그는 돈을 많이 벌었다. 예를 들어 월요일마다 수업을 하던 베닝턴칼리지의 강의료는 2,500달러(현재 화폐 가치로 환산하면 약 27,500유로다)였다.[10]

다른 면에서도 그는 인생을 즐기는 사람이었다. 그의 생활은 많은 여자들에게 둘러싸여 있었다. 여러 비평가들은 이 점을 이해하기 힘든 모순이라고 생각하지만 『사랑의 기술』에서 프롬이 섹스와 사랑을 엄격하게 구분했다는 사실을 잊어서는 안 된다. 그가 보기에 애니스를 사랑하는 것과, 다른 여자와 섹스를 하는 것은 결코 모순된 행동이 아니었다.

섹스학 연구 결과를 보면, 오래된 커플일수록 욕구의 일부를 관계 바깥에서 채운다. 그리고 이런 행동은 관계 유지에 도움이 된다고 한다. 상대방에 대한 성적 관심은 1년을 못 가기 때문에 섹스와 사랑 모두를 바란다면 서로 다른 사람에게서 채울 수밖에 없다. 한 사람에게서 섹스와 사랑을 만족시키고 싶다면 1년에 한 번씩 상대방을 바꿔야 하는 것이다. 애니스와 프롬이 어떤 혼전 계약서를 썼는지 알 수 없지만, 그들의 사랑은 오래 유지되었다.

프롬이 보기에 사람들의 사랑을 막는 주요 장애물은 자본주의였다. 자본주의의 가치관은 사랑과 하나 될 수 없다. 속도를 더해가는 생산 공정, 천박함, 질보다 양을 우선시하고 이윤과 돈과 지위에 가치를 두는 자본주의는 시간과 관심을 쏟아야 하고 심지어 훈련이 필요한 사랑에는 크나큰 도전이요 독극물이다.

사랑은 활동이요 배워 익혀야 하는 기술이다. 프롬은 사랑의 목표가 자신의 가장 깊숙한 핵심을 찾는 데 있다고 보았고, 이를 **존재**

의 핵심이라 불렀다. 이 지점에서 프롬의 사랑 이론은 선불교의 여러 관점들과 겹친다. 프롬은 인간이 세상에 홀로 내던져진 존재로서의 분리를 극복하고 무한의 의식 공간을 여는 길이 곧 사랑이라고 생각했다. "사랑은 두 사람이 실존의 한가운데에서부터 서로 결합될 때, 그러니까 각자가 자기 실존의 한가운데에서부터 자기 자신을 체득할 때에만 가능한 것이다."(『사랑의 기술 *Die Kunst des Liebens*』)

한편 애니스는 교육을 많이 받지는 못했지만 매우 지적이고 관심사가 다양했으며 정치 활동도 서슴지 않았다. 특히 그녀는 프롬과 결혼하기 전부터 동양의 영적 전통에 관심이 있었는데, 결혼한 후에는 프롬과 함께 선불교에 심취했다. 명상과 태극권도 했으며 인도로 자주 여행을 떠났다. 점성술에 조예가 깊어 그녀가 꽤 점을 잘 보았다는 소문도 있다.

선불교에 관심이 많았던 두 사람은 결혼 초 일본의 불교학자 스즈키 다이세쓰鈴木大拙를 만났다. 스즈키 선사는 프롬이 멕시코에 설립한 정신분석연구소에 지대한 영향을 미쳤을 뿐만 아니라, 거만하고 꼬장꼬장하고 자제가 안 될 정도로 우울해하던 프롬을 따뜻하고 다정하고 열린 사람으로 바꾸어놓았다. 프롬 스스로는 물론 주변 사람들도 변화를 느낄 정도였다고 한다.

여기까지 이야기하고 보니 바틀릿의 연구가 다시금 떠오른다. 프롬과 두 여인을 둘러싼 이야기의 흐름이 매끄럽고 그럴듯하다. 인과관계는 또 얼마나 논리적인가. 그러나 우리 인생이 과연 그런가? 성장소설에 나오듯 파란만장한 시련의 연속인가? 한 여성이 위기에 봉착하여 스스로 목숨을 끊었다. 당대 최고로 꼽혔기에 아마도

스즈키 선사

본명은 스즈키 데이타로鈴木貞太郎다. 1897년에 미국으로 건너가 서양 사회에 일본의 선불교를 알리는 데 평생을 바쳤다. 1957년에는 정신분석과 선을 주제로 하는 세미나에 참여해달라는 프롬의 제안을 받아들여 쿠에르나바카를 방문했으며, 이 역사적인 만남은 『선과 정신분석』의 출간으로 이어졌다.

상담비가 제일 비쌌을 정신분석학자의 집에서. 그저 프롬이 온갖 고난을 극복하고 사랑을 이루었으니 그걸로 된 것일까?

미국 영화의 주인공들을 보면 오디세우스처럼 고통을 당하고, 당하고 또 당한 끝에야 그 고통의 대가로 돛을 활짝 펴고 사랑의 항구로 입항한다. 실제로 시나리오 작가 지망생을 위한 지침서에는 이런 충고가 나온다. 한 남자를 여자와 운명에 휘말리게 하여 파멸시켰다가 다시 우뚝 일으켜 세우는 『오디세이아』처럼 쓰라고 말이다.[11] 프롬의 이야기 역시 결과적으로는 해피엔딩이기 때문에 나는 심리학자로서 그런 지침에 반대할 뜻이 전혀 없다. 왜 친애하는 독자들을 어지러운 생각들로 혼란에 빠뜨려야 한단 말인가? 다만 한 남자가 아내의 자살이라는 충격적인 일을 겪고도 불과 1년 만에 다시 연애를 했다는 사실에 놀랐다는 말을 하고 싶을 뿐이다.

미국의 사회심리학자 길버트Daniel Gilbert의 연구 결과를 보면 사람들은 충격적인 상황을 흔히 생각하는 것보다, 혹은 그런 사건이 터지기 전 스스로 생각했던 것보다 훨씬 빨리 이겨낸다. 인간은 고통스러운 상황에 놓이게 되면 **심리적 면역 체계**를 작동시켜 고통을 극복한다고 한다. 덕분에 (때로는 예상과 달리) 기분 조절을 잘 할 수 있는 것이다.

다행히 프롬은 심리적 면역 체계가 매우 건강했을 뿐 아니라 안정적인 애착 관계를 형성한 덕분에 그 어떤 위기도 잘 극복할 수 있었던 것 같다. 한 사람과 헤어지자마자 바로 다른 사람을 만나는 사람들은 관계에 대한 병적인 집착 때문에 서둘러 다시 관계를 맺는 것이라고 생각하는 사람도 있겠지만 말이다.

프롬의 어린 시절

　나는 프롬이 유년기에 어머니와의 사이에서 형성한 안정된 애착 관계가 타인에 대한 신뢰도를 높이고 친밀한 인간관계를 형성하는 데 도움이 되었다고 생각한다. 현대 부부 관계 심리학을 대표하는 볼비John Bowlby [12] 같은 애착이론가들도 그렇게 주장한다. 하지만 프롬 자신은 물론이고 거의 모든 전기 작가들은 쌍수를 들고 이런 해석을 말릴 것이다.

　프롬은 1900년 독실한 유대인 가정의 외아들로 태어났다. 집안에 유명한 랍비가 넘쳐났기 때문에 그의 아버지 나프탈리Naphtali Fromm는 집안의 '실망'이었다. 그가 '한낱' 와인 판매상에 불과했기 때문이다. 와인 판매로 많은 돈을 벌어도 성서를 읽고 토론하는 삶에 비하면 별 볼 일 없는 인생이었다. 로자Rosa Krause가 나프탈리와 결혼을 결심했을 때도 그녀의 친척들은 경제적으로 풍족한 삶을 선사할 수 있는 그를 별로 반기지 않았다.

　어린 프롬의 눈에도 아버지는 성서 연구라는 중요한 일을 버리고 돈에만 집착했기 때문에 어디에서도 인정을 받지 못하는 사람이었다. 나프탈리는 그 결점을 메우기 위해 더욱더 유대교의 규율과 풍습에 매달렸고, 그런 모습이 프롬의 눈에는 진정성 없는 억지로 보였다. 그는 부모를 진심이 없고 자기성찰이 부족한 사람들이라고 자주 비판했다.

　프롬의 어린 시절에 대한 기록은 많이 남아 있다. 프롬은 자신의 어머니를 '소유욕이 강한 사람'이라고 표현하면서 나르시시즘적이고 '우울한 사람'이라고 불렀다. 그러므로 내가 이 책에서 다른 가설을 제안하는 것이 주제넘게 들릴지도 모르겠다. 그러나 소유욕이 강하다는 말은 두 사람의 밀착된 관계를 의미할 수도 있고, 설사 어머니의 행동 동기에 문제의 소지가 있다고 하더라도 아이는 그 사실을 어른이 된 후에야 깨달을 것이다. 아이가 어머니의 과도한 애착을 잘못이라고 혹은 불쾌하다고 느낄 수 있어야 문제가 되는 것이다.

안정형 애착 유형이 형성되는 유년기 초기에는 두 사람 사이의 스킨십이 더 중요한 문제다. 이 시기에는 아이가 어머니와의 관계를 안정형 애착으로 느끼다가 나이가 들면서 부담스러워할 수도 있다. 그러므로 프롬이 활동적이고 독립적인 여성과 오랜 시간 관계를 유지할 수 있었던 까닭을 유년기에 형성된 안정형 애착 유형 덕분이라고 볼 수도 있지 않을까? 불안형 애착 유형과 회피형 애착 유형인 남성들, 그러니까 어린 시절에 엄마와 밀착되지 못했던 남성들은 보통 자유를 사랑하는 독립적인 여성과 잘 지낼 수 없기 때문이다.

잘못된 사랑의 방식

구성주의의 장점은 모든 설명에 반박하는 설명을 구성할 수 있다는 점이다. 어떻게 이야기하느냐에 따라 정반대의 설명도 그럴듯하게 만들어낼 수 있다. 누구의 생각이 맞고 틀린지는 부차적인 문제다. 다만 나는 어떤 사람이 사춘기 무렵에 어머니와의 관계가 좋지 않았다고 해서 그 사람의 어린 시절이 갖는 긍정적 측면들을 놓쳐서는 안 된다고 생각한다. 또한 자식의 성장 단계마다 부모의 역할이 다른 것도 특이할 것이 없다. 어떤 어머니는 어린 자식들과 잘 지내고, 또 어떤 어머니는 사춘기 자식과 더 잘 지내는 법이다.

그러나 아이는 이런 복잡한 사정을 알 리 없다. 노벨경제학상을 수상한 심리학자 카너먼Daniel Kahneman [13]은 우리 인간은 과거는 홀라당 잊어버리고 현재 사건만을 바탕으로 판단을 내린다고 거듭 강조했다. 유년기의 끝이 좋지 않으면 유년기 전체를 망쳤다고 생각할 확률이 높다는 것이다. 프롬도 나와 같은 구성주의자였기에 내가 이런 구성주의 공구를 이용해 그를 재단한다 하더라도 아마 고개를 끄덕여줄 것이다.

몇 가지 관계 장애는 부모와 자녀의 분리가 제대로 이루어지지 않아서 발생하기도 한다. 프롬은 그 결과로 생기는 관계를 "노이로제적"이라고 불렀다. 그는 모성애를 무조건적 사랑이라고 보았다. 어머니는 오직 자기 자식이라는 이유만으로 자식을 사랑하는 반면, 아버지의 자식 사랑은 조건이 붙는다. 특별한 성과를 올렸을 때, 말을 잘 들었을 때, 자신의 자녀관을 만족시켰을 때 자식에게 사랑을 선사한다.

아이는 유년기를 거치며 부모와 분리되어야 하고 부모는 비록 마음이 무겁더라도 이 분리가 잘 일어날 수 있도록 도움을 주어야 한다. 그래야 아이가 한 인격체로 성장할 수 있기 때문이다. 예를 들어 한 남성이 성인이 되어서도 어머니에게 집착하는 모습을 보인다면,

그 남성은 자신의 상대방에게도 어머니와 같은 무조건적인 사랑을 기대할 가능성이 높다. 그리고 그러한 사랑을 받아내기 위해 무엇이든 할 가능성이 높다. 남자는 여자에게 더할 나위 없이 잘할 것이기에 여자는 이러한 남자의 자상한 모습에 매력을 느낄 수도 있겠지만, 이는 허울 좋은 껍데기에 불과하다. 남자는 여자가 자신이 무슨 일을 하든, 심지어 바람을 들켰을 때도 자신을 사랑하고 믿고 존경해야 한다고 생각할 것이기 때문이다. 그의 목표는 사랑하는 것이 아니라 사랑받는 것이다.

프롬 역시 일이 생각대로 풀리지 않아 궁지에 몰려 우울증과 불안에 시달리는 남성 환자들을 많이 목격했다. 그중에는 어머니의 사랑이 너무나 강력한 힘을 발휘하여 그 어떤 여성에게서도 만족을 느끼지 못해 모든 관계가 실패로 끝나버린 극단적인 경우도 있었다. 결점이 수두룩한 상대방이 어머니보다 나은 유일한 장점은 섹스를 할 수 있다는 것인데, 이렇게 되면 그 장점마저 더러운 것으로 깎아내린다.

아버지와의 관계 분리가 잘 이루어지지 않은 남성의 경우는 아버지 같은 인물이나 리더에게 끌릴 가능성이 높다. 그런 남성들은 칭찬을 목표로 삼기에, 능력을 입증하겠다는 의욕에 불타서 직장에서 크게 출세할 수 있다.

프리드먼과 슈라이버Anke M. Schreiber 같은 프롬의 전기 작가들은 재미있게도 프롬에게서 정반대의 현상이 목도된다고 말한다. 그의 아버지는 프롬을 무조건적으로 사랑했으며 프롬이 장성했을 때도 늘 따뜻하게 품어주었다. 하지만 그의 어머니는 요구 사항이 많았고 프롬을 자기 이상에 맞추어 빚으려 했다. 프롬에게 여자아이 옷을 입혀 사진을 찍었던 것도 프롬이 딸이기 바랐기 때문이었다. 훗날 프롬은 어머니에게 이용당했다고 느꼈고, 인간으로 이해받지도 인정받지도 못하며 남들의 기대에 부응하지 못해 외톨이가 되는 것이 인간의 보편적 고통이라고 주장했다.

프롬은 이러한 자신의 어린 시절 경험을 학술적으로 관찰하고 체계화했다. 그의 이론들은 대부분 개인의 체험에 뿌리를 두지만, 그에게는 개인적인 경험을 객관화할 수 있는 능력이 있었다. 오늘날 우리는 **양쪽 부모**에게서 사랑을 많이 받을수록 회복 탄력성*이 높다는 사실을 알고 있다. 또한 어머니만이 자식들에게 무조건적인 사랑을 주는 것이 아니라는 것도 잘 안다. 시대가 이론의 뒤를 따라잡았고, 아버지도 감정을 드러낼 수 있고 무조건적인 사랑을 줄 수 있는 사회 분위기를 형성하도록 페미니즘이 도왔다. 반대로 부모가 감정을 억압하거나 감정 표현이 부족한 경우에 자식들은 괴로움을 느끼며 마음의 문을 닫고 숨어버린다. 밖에 나가서도 자신의 감정을 제대로 표현하거나 제어하지 못해 다른 사람에게 시비를 걸거나 싸움을 도발한다.

한쪽이 상대방을 떠받드는 **우상 숭배적 사랑** 역시 자신의 강점을 보지 못하는 거짓 사랑이다. 이런 사랑이 파괴적인 이유는 자기애가 타인에 대한 사랑의 기틀이기 때문이다. "사랑은 근본적으로 나

---

* 스트레스나 역경, 시련에 부딪쳤을 때, 이를 적극적으로 대처하고 견뎌낼 수 있는 능력을 말한다. ―옮긴이

눌 수 없다. 다른 대상을 향한 사랑을 자신에 대한 사랑과 분리할 수 없는 것이다.”(『사랑의 기술』) ‘나도 좋고 너도 좋다’라는 공식이 우리 현대인에게는 너무나 익숙하지만, 당시에는 이것이 자기애를 나르시시즘적 장애라고 여겼던 프로이트에 대한 도발이었다. 프롬은 이기적인 인간도 이타적인 인간도 **건강한 자기애**와 멀다고 보았다. 둘 다 사랑할 능력이 없기 때문이다. 이들과 달리 두 존재의 핵심이 녹아 하나가 된 사랑은 자기 자신도 받아들일 때에만 생겨난다. 다른 것은 전부 결함 투성이다.

나는 내담자들에게 자신을 있는 그대로 받아들이고, 조금 더 다정하게 대하며, 자신의 단점에 관대하라고 충고한다. 번아웃, 우울증은 물론이고 불안 역시 자신에 대한 불신과 죄책감, 열등감이 원인인 경우가 많기 때문에 상담을 통해 이런 감정들을 해소하고 나면 그 사람은 다시 자기 자신을 좋아할 수 있게 된다. 자존감을 키우는 것이 많은 인문주의 이론의 중심 현안이지만 프롬만큼 사랑과 자기애의 관계를 강조한 사람은 찾기 힘들 것이다.

감상적 사랑 역시 사랑의 본질을 비켜간다. 이 사랑은 상상 속에만 머물 뿐이다. 과거에 머물러 있거나 (“아, 그때는 정말 좋았는데”) 시간이 지나면 모든 것이 달라질 것이라는 헛된 희망에 젖어 (“아이들이 성인이 되어 독립하고 나면 우리 사이도 다시 좋아질 거야”) 살기 때문이다. 로맨스 영화나 소설 속 주인공들에게 지나칠 정도로 감정이입을 하는 것 역시 이런 태도와 다르지 않다. 그러나 로맨스물은 마약이 그러하듯 결코 현실의 실존적 고통을 줄여줄 수 없다. 이러한 프롬의 주장은 할리우드의 사랑관이 젊은이들의 기대에 적지 않은 영향을 미치는 지금 그 중요성이 더욱 부각된다.

많은 청소년들이 손쉽게 접할 수 있는 포르노 역시 사랑에 대한 혼란을 일으킨다. 그래서 현대 성교육은 아이들에게 영화 속 잘못된 장면들을 알려주고, 올바른 섹스가 무엇인지를 가르치려 노력한다. 페미니즘을 통해 눈에 띄게 달라진 여성상도 포르노에 자주 노출되면 흔들릴 수밖에 없다. 포르노 속 남성들은 주로 지배적이고 여성은 남성의 욕망을 만족시켜주는 대상에 불과하기 때문이다. 영화와 같은 기대에 부풀었던 남자아이들은 첫 경험에서 모든 것이 자기가 생각한 시나리오대로 돌아가지 않아 실망을 느낀다. 포르노에 나오는 여자들은 어떤 성행위든지 흔쾌히 응하지만 젊은 남자들의 현실은 전혀 그렇지 않기 때문이다.

다채로움과 다양성의 나라, 멕시코

멕시코를 이해하자면 이곳에서 아주 오래 살아야 할 것이다. 환상적인 문화와 뼈아픈 역사, 다정한 사람들, 독창적이고 맛있는 음식, 빈부 격차, 높은 범죄율, 마치스모Machismo 의 혼합은 정말이지 독특하다.

멕시코시티에 있는 국립인류학박물관 관람은 멕시코 문화를 이해하기 위한 바람직한 접근 방법 중 하나다. 건물을 보는 것만으로도 충분한 가치가 있다. 박물관은 바스케스 Pedro Ramirez Vazquez와 알세레카Rafael Mijares Alcérreca가 설계하여 1964년 9월 17일에 개장했고, 마야와 아스테카 문명의 보물로 그득하다. 그중에서도 주문呪文으로 새 시대를 불러온다는 거대한 태양석이 인상적이다. 사람의 턱으로 장식을 한 부장품 유골들, 가면, 머리 장신구, 화려한 신상神像들도 있다. 이 나라는 물이 부족하기 때문에 멕시코인들은 비를 기원하는 주술적인 의미로 비의 신을 수많은 조각상과 부조, 그림으로 만들었다. 어쩌면 이 고대 세계가 멸망한 것은 가뭄 탓도 있을 것이다. 스페인 정복자들이 이 땅으로 들어오기 전에 이미 큰 부족들은 다 멸망을 했다고 하니 말이다.

국립인류학박물관

멕시코의 역사를 느껴보고 싶어 마 야문명과 아스테카문명의 유적을 돌 아보았다. 하늘을 향해 우뚝 솟아 있 는 달의 피라미드에 올라서서 주위를 둘러보니 가슴이 탁 트이는 것 같았 다. 멕시코 문화의 일부, 인류의 일부 가 된 기분이 들었다. 아무리 생각해 도 기계도 없이, 하다못해 바퀴 하나 도 없이 옛 멕시코인들이 어떻게 이 런 웅장하면서도 거대한 작품을 만들 어냈는지 상상이 되지 않는다. 사람 의 작품이라고는 믿기 힘든 인류의

아스테카문명의 세계관과 우주관을 보여주는 태양석

유산을 바라보고 있으니, 이 순간만큼은 '인간'이라는 생물 종에 자부심을 느끼지 않을 수 없었다. 마지막까지도 감탄을 자아내는 회색 (예전에는 화려한 색이었을) 기념비들 틈에 서 있자니, 이곳에 도착한 지 몇 시간이 흘렀음에도 도저히 발길을 돌릴 수가 없었다.

테오티우아칸 역사 지구

멕시코의 또 다른 곳은 알록달록한 색으로 가득하다. 오악사카Oaxaca나 캄페체Campeche 의 집들은 하나같이 강렬한 색이다. 소치밀코Xochimilco 수상 정원의 보트와 보트에 진열 해둔 상품도 화려한 빛깔로 눈을 찌른다. 과하다 싶은 분홍, 이브 클라인 블루Yves Klein Blue, 잔디 초록, 햇살 찬란한 풀장의 터키옥색, 마르멜로 노랑, 해바라기 노랑, 황토 노 랑, 형광 노랑, 사프란 노랑, 레몬 노랑, 초록이 섞인 노랑, 황금 노랑, 흰색이 섞인 노랑이

알록달록한 색채의 건물로 가득한 푸에블라 거리

다. 극빈민촌에서도 폭발하는 색깔 때문에 나는 깜짝깜짝 놀란다. 독일인들은 중간색을 많이 쓰기 때문이다. 집은 빨간색이나 회색을, 지붕은 베이지색이나 회색, 흰색 칠을 한다. 프롬도 멕시코의 이런 다채로움을 사랑했을까? 그가 이런 다양성을 직접 경험하기는 했을까?

요리에서도 멕시코의 다양성이 묻어난다. 도저히 먹을 수 없을 정도로 매운 요리가 너무 많고, 아뮈즈 괼(Amuse Gueule, 식전주와 같이 먹는 간단한 안주거리)로 나오는 딥은 과소평가했다가 큰코다친 적도 적지 않다. 이곳 사람들은 메뚜기나 개미 같은 곤충과 벌레도 먹는다는 사실에 프롬이 충격을 받지는 않았을까? 우리 일행들도 메뚜기 요리를 보더니 비위가 상한다면서 선뜻 손을 뻗지 않았다. 나와 만프레트는 용기를 내서 먹어보았는데 튀긴 소고기 같았고, 특히 전통식대로 아보카도, 샐러드, 치즈와 함께 토르티야에 싸서 먹으니 맛있었다. 먹는 데 용기가 필요한 음식이 또 하나 있다. 몰레 소스를 곁들인 흑갈색의 닭 요리다. 이 소스에는 초콜릿이 들어가는데, 독일에서는 단것과 매운 것을 섞어 먹지 않는다. 게다가 이 특별식의 100가지 양념 중 몇 가지는 우리 입에 익숙하지 않다. 일행 중 몇 명은 흑갈색이 역겹다고까지 했다. 구성의 힘은 특히 음식에서 강하게 작용한다. 어린 시절에 길들여진 입맛의 선호보다 바꾸기 힘든 것은 없다는 연구 결과가 있다. 프롬은 개인 독일인 요리사를 둘 정도로 입맛이 까다로웠으니 입에 맞지 않는 멕시코 요리는 먹지 않았을 것이다.

미리 짜놓은 우리의 생각 서랍은 기억에 단단히 뿌리를 내리고서 감정에 막대한 영향을 미친다. 그것이 전부 구성이라는 것을 잘 아는 나와 만프레트는 생소한 음식 먹기에 도전하여 다소나마 부정적인 감정을 극복하는 데 성공했다. 포크에 매달린 메뚜기 다리를 봤을 때는 멈칫했고 입으로 가져가는 데 시간이 조금 더 걸렸지만 말이다.

그러나 우리의 미식 실험 결과 몰레는 내가 아끼는 멕시코 요리가 되었고, 만프레트의 기억에는 선인장을 곁들인 코르동 블뢰(Cordon Bleu, 역시 독일인들이 먹지 않는 음식이다)가 맛난 음식으로 남았다. 우리의 호기심은 단 한 번도 우리를 배신하지 않았고, 덕분에 우리는 음식 값이 엄청나게 싼 식당에서도 감탄사를 연발할 수 있었다.

이러한 구성주의를 염두에 둔다면 프롬이 그 어디도 아닌 멕시코에서 보편타당성을 요구하는 사랑 책을 썼다는 사실은 놀랄 일이 아닐 수 없다. 사랑이 무엇인지, 어떻게 하면 사랑에 성공할 수 있으며, 언제 사랑이 실패할 수밖에 없는지를 우리에게 가르쳐주는 책을 말이다. 그는 사랑과 사랑 행위의 맥락을 특별히 따지지 않았다. 사랑은 사랑이다. 베를린에서든 멕시코시티에서든 서울에서든 사랑은 사랑이다. 그는 문화적 특수성과 상관없이 중요한 보편타당하고 추상적인 원칙을 찾아냈다.

이런 세상에서
사랑이 가능한가

사랑을 할 수 있는 능력

프로이트와 달리 프롬은 사랑을 섹스의 승화라고 보지 않았다. 프로이트의 정신분석학에서 프롬이 비판한 가장 중요한 지점도 바로 성적 충동의 과도한 강조였다. 인간에게는 그를 자극하는 다채로운 충동이 있지만 그 모두가 성적 충동에서 비롯된 것은 아니라고 프롬은 주장했다. 그리고 자본주의사회에서는 성적 충동뿐 아니라 다른 많은 감정들도 자본주의 가치관으로 인해 억압당하는데, 그는 이러한 감정의 억압이야말로 현대인이 겪는 질병과 불행한 삶의 원인이라고 보았다. 그래서 그는 아이들의 바람직하지 않은 공격적 충동도 마음껏 발현되게끔 해야 한다고 자주 강조했다.

섹스는 사랑의 중요한 측면이지만 모든 것을 포괄하는 측면은 아니다. 섹스는 단기적인 만족을 줄 뿐 장기적인 행복을 주지는 못한다. 반대로 사랑은 육체적 욕망을 뛰어넘어 자아실현은 물론 타인 및 세상과의 결합을 가능하게 만든다. 그러므로 사랑과 섹스의 관계는 결코 단순하지 않다. 그러나 심리학을 공부하다 보면 어디서나 접하게 되는 진화심리학은 다른 주장을 펼친다. 진화심리학에서는 사랑을 금기시된 재생산 과정이 문화적으로 용인된 형태일 뿐이라고 본다.

프롬은 인간과 동물의 명확한 질적 차이를 주장했고, 이 역시 사랑을 다루는 심리학의 이론적 지형에서는 매우 특이한 일이다. 프롬에 따르면 우리는 다른 동물들보다 더 지능적이고 창의적이며 사회적인 동물일 뿐 아니라 다른 동물들에게서는 싹도 보이지 않는 특징을 갖추었다. 바로 자의식이다. 자의식은 자신을 인식함으로써 모든 경계를 넘어서는 사랑을 할 수 있는 능력이다. 이런 기본 태도를 심리학에서는 흔히 **인본주의**라고 부르고, 프롬 역시 자신의 방법을 자주 **인본주의 정신분석**이라고 불렀다.

프롬은 **인본주의 심리학**의 대표 격으로 볼 수 있다. 인본주의는 심리학 역사에서 행동주의와 정신분석에 이어 새로운 패러다임으로 자리를 잡았다. 인본주의 심리학은 주로 인간이 자신이 처한 환경에서 어떻게 자아를 실현할 수 있는지 묻는다. 이는 생명체 중 인간만이 가지고 있는 특징이다. 인간은 먹고 섹스하고 자는 것만으로 만족하지 않는다. 행복을 바라고 새로운 것을 창조하고자 하며 고된 업무와 장애와 위기를 뛰어넘어 아름다운 것을 즐기고 공감할 줄 안다. 인본주의 심리학은 인간의 자기 조절 능력을 믿는다. 따라서 인간은 목표를 달성하기 위해서라면 무엇이든 할 수 있다고 생각한다. 그러나 인간은 혼자서만 살아갈 수 있는 존재가 아니며 주변 세상과 묶여 있다. 게슈탈트 심리학에 따르면 인간의 행동은 심리적 개별

프로이트

프롬은 프로이트의 이론을 취하면서도 한편으로는 페니스 선망, 오이디푸스콤플렉스, 거세 공
포 같은 이론들을 비판했다. 호나이와 함께 페니스 선망 같은 여성 차별적 측면을 공격하면서
바기나 선망 이론을 도입했다.

사건들의 총합이 아니며, 모든 심리적 측면들은 유기적-역동적인 전체 사건들의 산물로, 즉 **형태**Gestalt로 이해해야 한다.

따라서 인본주의 심리학은 한 인간과 그가 처해 있는 상황과의 연결을 중시하며 역사적·사회적·문화적 환경에 관심을 둔다. 인본주의 심리학은 1950~1960년대까지 큰 인기를 누렸으며, 1990년대에 들어서는 결점이 아닌 장점에, 질병이 아닌 건강과 자기 조절력에 초점을 맞춘 **긍정 심리학**의 등장을 가져왔다.

현장의 심리상담사들을 매료시킨 것은 **시스템 심리 치료**(내면 가족 시스템 치료)의 성공이었다.[14] 이 치료법은 인간이 가진 자원에 집중한다. 환자와 심리상담사의 관계도 정신분석과 달리 거리를 두지 않고, 상하 관계가 아닌 치료 과정의 일부로 이해하며, 장애 개념을 인간의 장점, 재능, 자원의 개념으로 대체한다. 또 상담사는 특정 행동을 특별한 의미로 해석하지 않고(예를 들어, 아이가 오줌을 가리지 못하는 것은 아기 때 정서적 학대를 당했다는 식) 환자 스스로가 행동의 원인을 찾도록 자극을 주어 환자가 자기 문제에 개별적으로 접근하도록 도움을 줄 뿐이다.

시스템 심리 치료는 행동이 우연의 산물이 아닌 맥락에서 비롯된다는 것을 전제로 한다. 예를 들어 오줌을 가리지 못하는 아이는 가족들의 관심을 자기에게로 돌려서, 당연히 무의식적이겠지만, 부모의 불화를 소강상태로 만든다. 아이의 '장애'가 아이 자신은 물론이고 부모에게 큰 스트레스가 되겠지만, 다른 한편으로는 아이가 두려워하는 부모의 이혼을 막는 기능을 하는 것이다. 그사이 많은 기업에서 조직의 문제 해결 능력을 키우고 직원들의 직무 역량 강화를 위해 시스템 심리 치료를 도입했다. 이 방법은 문제를 일으킨 직원의 어느 한 부분만을 치료하는 것이 아니라 시스템, 즉 인격체를 이루는 요소 모두를 치료하는 것으로 매우 만족할 만한 결과를 얻을 수 있다고 한다.

1962년 매슬로Abraham H. Maslow가 로저스Carl Rogers, 메이Rollo May, 뷜러Charlotte Bühler, 부젠털James Bugenthal 등의 지원을 받아 미국 인본주의 심리학 협회를 설립했지만 프롬은 가입하지 않았다. 이들이 정신분석학과 거리를 두면서 무의식 연구가 쓸모없다는 의견을 자주 피력했기 때문이라고 추정된다.[15] 프롬은 무의식적 충동과 동기를 강조했으며 인간이 언제 어디서나 자신의 심리 과정을 이해할 수 있다고 생각하지 않았다. 때문에 그는 스스로를 '인본주의 정신분석학자'라고 여겼다. 인간이 가진 능력에 주목하는 기본 태도를 프로이트의 무의식 및 억압 이론과 결합시키는 인본주의 정신분석학자라고 말이다. 그러므로 프롬이라면 사람들이 남들에게 과시하기 위해 의식적으로 잘나가는 친구를 찾아다닌다고 주장하지 않을 것이다. 물론 그런 행동의 동기는 과시욕이지만 이는 무의식적으로 작용하기 때문에 의식적으로는 원래 친구가 많은 척 스스로를 합리화할 것이다. 그러나 그 친구가 갑자기 지위를 잃더라도 (예를 들어 해직을 당하거나 파산을 하거나 병이 들었어도) 관계가 지속될 수 있을지 살펴보면 친구에 대한 호감이 급속도로 줄어든다는 사실을 알 수 있다. 의식은 '난 내게 호의적인 사람을 좋아해'라고 말할 테지만, 행동에서 읽히는 무의식적 동기는 '난 잘나가는 사람을 장식품으로 이용하고 싶어. 그래야 모두가 부러워할 테니까'라고 다른 말을 한다. 또 엄마

인본주의 심리학자 매슬로

인간의 동기와 행동 연구로 현대 심리학의 토대를 이루는 데 큰 기여를 했다고 평가받는 매슬로는 프롬을 존경하여 프롬이 1947년부터 사용하던 인본주의 심리학이라는 개념을 자신의 이론에 차용했다. 오늘날 일상적으로 쓰이는 자아실현이라는 말은 매슬로에 의해 널리 알려지기 시작했다.

를 사랑하기 때문에 미워한다는 말을 들으면 우리는 고개를 갸우뚱할 테지만 정신분석학자는 매우 논리적이라고 생각할 것이다.

프롬은 원칙적으로는 인간의 강점을 신뢰했고 선을 믿었지만, 그 선이 외부의 힘에 의해 악으로 변할 수 있다고 생각했다. 물질주의 사회에서는 사랑조차 파괴적으로 변할 수 있는 것이다.

사랑에 관한 가장 놀라운 통찰, 『사랑의 기술』

헤니가 자살을 한 날은 1952년 6월 4일이었고, 프롬이 애니스와 결혼을 한 날은 1953년 12월 18일이었다. 그리고 1956년 『사랑의 기술』이 세상에 나왔다. 이 책은 『소유냐 존재냐』와 같은 분노를 담고 있지 않으며 『자유로부터의 도피』같이 문제가 되었던 사회현상을 세밀하게 분석하지 않은 밝은 책이다. 책이 나오기까지의 일반적인 과정을 생각해볼 때, 그는 아마도 결혼 직후 집필을 시작해 1955년 출판사에 원고를 넘겼을 것이다. 물론 상상하기 힘들지만 그보다 더 일찍 작업을 시작했을지도 모를 일이다.

가까운 이의 자살을 겪은 사람이라면 그런 일이 얼마나 큰 트라우마를 남기는지 잘 알 것이다. 제아무리 임상 경험이 많은 심리학자라고 하더라도 절망감과 죄책감과 수치심과 이별의 아픔을 훌훌 털어내지는 못할 것이다. 심리학자의 자아에도 부드럽고 유순하며 예민한 부분이 있기 때문이다. 그러니 애니스와, 그녀를 향한 프롬의 사랑이 그를 기적적으로 변화시킨 것이 분명하다. 그것이 아니라면 끔찍함이 아름다움으로 돌아선 이 놀라운 변화를 나는 도저히 이해할 수 없다.

『사랑의 기술』은 여러 가지 면에서 놀라운 작품이다. '사랑'이라는 주제를 학술적으로 연구하는 심리학자는 지금도 극소수이고, 설사 연구를 한다고 하더라도 대부분 판에 박은 듯 엇비슷하다. 하지만 프롬은 사랑이라는 개념의 일상 논리를 완전히 뒤집어놓았다. '성숙한 사랑은 **사랑하기 때문에** 사랑받는다.' '사랑은 일차적으로 주는 것이지 받는 것이 아니다.' 이러한 깨달음이 이 책을 아우르는 논리다.

프롬이 생각하는 사랑은 우선적으로 **존재의 실존 양식**을 따르는 활동이다. 사랑은 물질적인 것이 아니므로 **소유의 실존 양식**과는 근본적으로 다르다. 하지만 서로 소외된 사회에서 살아가는 우리는 늘 순수한 형태로 사랑하지 않는다. 자본주의사회에서는 사랑도 물질적이기에 이를 가지기 위해 사랑하기도 한다. 개인의 이익을 위해 타인을 도구화하고 이용하는 경우도 있다. 결혼을 하지 않으면 사회적 시선과 편견에서 자유로워지기 어렵기 때문이다. 결국 자본주의의 시장 논리를 따르는 사랑의 방식은 개인의 자아실현을 가로막는다. 그러다 보면 우리는 존재를 망각한 채 서로 소외되고 말 것이다. 물론 우리는 순수한 사랑을 경험하고 싶어 한다. 하지만 사랑을 하는 데 무엇이 중요한지 깨닫지 못하고 있다. 모두가 사랑을 바랄 뿐 주려고 하지 않기에 결국 인간은 혼자 남게 될 것이다.

프롬은 사랑을 인간의 실존적 문제에 대한 답변이라고 부른다. 인간은 자신이 다른 사람들과 분리되어 있다는 사실을 인식한다.

FIFTIETH ANNIVERSARY EDITION

The

Art

of

Loving

Erich Fromm

INTRODUCTION BY PETER D. KRAMER

HARPER**PERENNIAL** MODERN**CLASSICS**

P.S.
INSIGHTS,
INTERVIEWS
& MORE...

『사랑의 기술』출간 50주년 기념판 표지

프롬은 멕시코에서 헤니와의 이별과 애니스과의 만남을 모두 경험했으며, 이때의 경험을 바탕
으로『사랑의 기술』을 썼다. 1956년에 출간된 이 책은 적어도 50개 언어로 번역되어 2,500만
부 이상 팔려나갔다. 2006년에 출간 50주년 기념판이 나오는 등 출간된 지 반세기가 훌쩍 지
났음에도 여전히 많은 사람들의 사랑을 받고 있다.

누군가 우리에게 태어나겠냐고 물은 적이 없다. 반대로 우리가 태어나기를 원한 적도 없다. 그러나 우리는 태어났고 언젠가 죽는다는 사실을 안다. 또 자신이 다른 사람들과 다르다는 것도 인식한다. 이러한 깨달음과 함께 결국 우리가 자신의 의지와 상관없이 홀로 이 세상에 던져져 있다는 두려움을 느끼게 된다. 그래서 인간은 분리에서 오는 불안을 해소하기 위해 다양한 시도를 한다.

우선 어떤 이는 되는대로 섹스를 하여 잠시나마 분리의 상태를 잊으려고 한다. 혹은 자신이 소속된 집단의 구성원들과 최대한 똑같이 행동하는 사람들도 있다. 집단 구성원의 생활 루틴을 모방하여 소속감을 느끼려고 하는 것이다. 자본주의사회에서는 이런 루틴이 마케팅, 유행, 트렌드를 통해 결정된다. 이 사회에서는 야근이 환영을 받으며 번아웃은 일을 위해 얼마나 자신을 불태웠는가를 입증하는 증거일 뿐이다. 여행지 역시 다른 사람들이 많이 찾는 곳으로 간다. 또 인간은 창조적 활동을 통해 자신의 존재를 증명하고자 한다. 예술가처럼 자기 작품과 하나가 되는 방법이다.

그러나 섹스, 모방, 예술, 이 세 가지 전략은 모두 결정적인 단점이 있다. 섹스는 지속적이지 않고, 모방은 거짓된 소속감만 줄 뿐 자기 정체성을 잃게 하며, 창조적 활동은 아무리 좋아도 인간의 접촉을 대신하지 못한다. 이 전략들과 달리 타인과 녹아들어 하나가 되는 사랑은 인간의 마음에 양분을 공급하고 병을 치료하며 행복을 선사한다. 타인과 하나가 된다고 해서 자신의 관심을 포기하거나 아예 자아를 포기하라는 뜻이 아니다. 프롬은 일치가 '동일함'이 아니라 '하나가 됨'을 의미한다고 강조한다. "사랑을 하면 두 존재가 하나가 되지만 그럼에도 그대로 둘인 모순이 발생한다."(『사랑의 기술』) 그리고 사랑만이 이 세상에 내던져짐으로써 느끼는 불안과 수치심과 죄책감을 오래도록 멈출 수 있다.

인간은 주면서 사랑을 경험한다. 그러나 준다고 해서 자신의 정체성을 희생할 필요는 없고, 굴복할 이유는 더더욱 없다. 주는 것은 고통스러운 포기와는 다르다. 오히려 프롬은 "가진 사람보다 가진 것을 주는 사람이 부자"(『사랑의 기술』)라고 말했다. 물론 프롬은 애니스에게 자주 비싼 초콜릿을 사주었고 예쁜 옷을 입어보라고 권했지만, 여기서 말하는 "주기"는 결코 물질적인 것이 아니다. 누군가를 사랑하는 사람은 상대에게 "자기가 가진 가장 귀중한 것, 자신의 생명…… 자신의 기쁨, 자신의 지식, 자신의 이해, 자신의 슬픔, 무엇보다 자기 안에서 살아 숨 쉬는 것을 내어준다."(『사랑의 기술』)

이 주기는 **적극적 과정**이다. 타인에 대한 배려와 책임감과 존중, 그리고 프롬이 성숙한 사랑에 필요한 또 한 가지 요소라고 주장했던 깨달음은 행동이자 노동이다. 하지만 그가 말하는 활동성은 분주함이나 에너지 소모와 전혀 관련이 없다. 다시 말해 노동과정을 통한 산물일 필요가 없다. 이를테면 성공을 추구하지만 일에 만족감을 느끼지 못하는 증권 전문가가 있다고 하자. 회사를 위해 주말도 반납한 채 일에 매달리는 그는 부지런한 사람이지만 자주적이지 못하다. 자신의 노동으로 기업의 이윤은 높일 수 있을지 몰라도 결코 **능동적**이지 않고 **수동적**이다. 반대로 자아를 찾으려고 노력하는 명상가는 그 어떤 외적 변화도 일으키지 못하고 에너지를 소모하지 않아도 능동적일 수 있다. 나중에 밝혀진 사실이지만 프롬은 이러

많은 예술가들에게 영감을 준 테마, '사랑'

1. 구스타프 클림트, 〈사랑〉(1895)

2. 귀스타브 쿠르베, 〈행복한 연인〉(1844)

3. 장 오노레 프라고나르, 〈행복한 연인〉(1760~1765)

시계 방향으로 클림트, 쿠르베, 프라고나르의 사랑을 테마로 한 작품이다. 오래전부터 '사랑'은 문학, 예술 등의 소재로 쓰였다.

한 생각을 스즈키 선사를 통해 접한 선불교에서 가져왔다. 한마디로 애니스를 향한 사랑뿐 아니라 선사와의 교류도 프롬의 『사랑의 기술』 집필 활동에 날개를 달아준 셈이다.

한편 다른 사람을 착취하거나 억압하여 자신의 존재감을 드러내는 경우도 있다. 바로 **사디즘** 혹은 **마조히즘**의 형태다. 사디스트는 마조히스트를 필요로 하고, 반대의 경우에도 어쨌든 혼자라고 느껴지는 않는다. 이런 관계는 성숙한 사랑과 달리 만족과 행복을 주지 못하고 상대의 자아실현을 방해하며 인간성의 인식을 가로막는다.

지금의 심리학계에서는 사람에게 사디즘적이라거나 마조히즘적이라는 말을 쓰지 않는다. 그러므로 이런 개념들 역시 프롬이 프로이트의 분석을 기틀로 삼았다는 증거로 볼 수 있다. 프롬의 저서에는 질병 범주라는 용어가 자주 나오는데, 이 점도 내가 보기에는 아쉬운 부분이다. 환자의 약점이나 장애보다는 강점과 재능에 더 관심을 기울이는 시스템 심리상담사인 내가 볼 때 병명 사용은 별로 도움이 안 된다고 늘 생각한다. 첫 진료 시간에 환자가 우울증 진단을 받았다고 이야기하면 나는 그 인상을 지우려고 노력한다. "누가 그런 말을 했어요?" "어떤 식으로 진단을 내렸죠?" "진단을 받고 어떠셨어요? 도움이 되셨어요? 창피스러웠어요?" "그런 진단이 누구한테 이로울까요?"

나는 이런 질문들이 흥미롭다. 그리고 환자에 따라 각기 다른 방식으로 환자가 처한 구체적 문제에 접근한다. 인간관계 때문에 힘든가? 헤어진 연인 때문에 괴로운가? 일을 너무 많이 해서 무기력한가? 대부분 처음의 진단은 뒤로 밀려나고 의미를 잃는다. 내가

사디즘과 마조히즘

가학적인 성향과 피학적인 성향을 동시에 지니는 것을 '사도마조히즘'이라고 한다. 사도마조히
즘은 성적인 쾌감과 관련하여 주로 쓰이지만, 인간관계 및 사회현상을 설명하는 데도 쓰인다.
예를 들어 권력자가 피지배자를 착취·억압하는 과정에서 얻는 쾌감, 가부장제 사회에서 여성
에게 수동적인 역할을 종용하는 행위가 이에 해당한다. 프롬은 파시즘 같은 정치체제는 지도
자에 대한 맹목적 복종(마조히즘)과 더불어 약자에 대한 강압적 지배(사디즘)의 충동이 동시
에 존재한다고 보았다.

'나르시시즘' '노이로제' '질병' '사디즘' 같은 개념을 쓸 때는 왜 환자가 그런 개념을 사용하는지, 스스로를 칭할 때 그렇게 부르는 다른 사람의 시선을 받으면 어떤 기분인지를 캐물을 때뿐이다.

사랑의 언어

직업상 나는 많은 부부들을 만나 심리 상담을 진행하다 보니 **말**보다 **행동**이 더 많은 것을 보여준다는 사실을 누구보다 잘 안다. "널 사랑해"라고 말하기는 쉽다. 하지만 텃밭 가꾸기를 좋아하는 상대를 위해 일요일 아침마다 일찍 일어나 일손을 보태거나, 공부를 더 하고 싶은 상대를 위해 학비를 보태주거나 밤마다 강아지 산책을 시키는 일은 마음과 달리 실천하기 어려운 고된 일이다.

사랑은 타인에 대한 적극적인 보살핌과 책임감으로 표현된다. "능동적 보살핌이 없다면 사랑도 존재하지 않는다."(『사랑의 기술』) 사랑은 립서비스가 아니다. 사랑은 맹세나 감정만으로는 부족하다. 사랑은 오직 행동으로 입증된다. **보살핌**은 상대의 신체적 욕구를, **책임감**은 상대의 정신적 욕구를 충족시키는 것이다. 프롬은 이 두 단어를 보통의 쓰임새와 달리 의무가 아닌 자발적 행동으로 해석했다. **사랑은 자유의 자식이다.** 그래서 타인에 대한 존중은 그라는 사람을 있는 그대로 받아들이는 것과 다르지 않다. "상대를 정말로 사랑한다면 그와 하나라고 느낀다. 이용 대상으로 보는, 내가 필요한 모습이 아닌 실제의 그와 하나"(『사랑의 기술』)라고 말이다. 여기서 말하는 존중은 두려움이 아니다. 그렇지만 타인은 무엇인가? 그 이해의 정도는 어느 만큼일까? 과연 우리는 진정으로 상대방을 이해할 수 있을까?

얼마 전 친구의 아버지가 돌아가셨다. 친구는 너무 괴로워하며 '아버지를 사랑했지만 결국 이해하지는 못했어. 그 누구도 아버지의 속을 제대로 들여다볼 수는 없던 거지'라고 말했다. 그 말에 깊은 인상을 받았다. 사실 수십 년을 같이 산 금슬 좋은 부부도 서로의 모든 것을 알지는 못한다. 상대는 항상 베일에 가려져 있다.

프롬은 상대방을 완벽하게 이해할 수 없다는 사실을 받아들이면서 상대를 최대한 객관적으로 바라보고 적극적으로 상대의 속마음을 헤아리려 노력할 필요가 있다고 했다. 이때 수단은 곧 목표이므로 "상대를 이해하고픈 자신의 욕망은 합일을 통해 해소"된다. 상대를 알아가는 과정은 다시금 자신에 대한 깨달음이기도 하며, 자신을 깨달아야 비로소 사랑이 가능한 것이다. 둘은 서로를 충족시키는 조건이다. 두 가지 길, 즉 상대를 적극적으로 깨닫고 자신을 적극적으로 깨닫는 길은 떼려야 뗄 수 없는 관계이며, 사랑 그 자체를 깨달을 수 있게 한다. "사랑은 합일의 행위를 통해 나의 욕망을 채우는 유일한 깨달음의 길이다."(『사랑의 기술』)

이러한 깨달음은 실제 부부 상담에서도 활용된다. 나를 찾아온 부부들 중에는 오랜 세월 상대와, 상대의 감정에 대해 전혀 이야기를 나누지 않은 경우가 허다했다. 취미, 자식, 성공, 실패 등 온갖 이야기는 다 할 수 있어도 상대를 어떻게 생각하는지에 대해서는 한마디도 나누지 않았다. 다시 말해, 상대를 전혀 알지 못하며 알려는 노력조차 하지 않는 것이다. 심지어 나에게 마음에 들지 않는 상대방의 행동을 바꿔달라는 부탁을 하기도 했다. 자신의 행동은 올바르다고 굳게 믿기 때문이다. 가장 대표적인 예가 청소와 정리정돈이다. 청결 상태에 대한 기준이 다를 경우에 청소를 떠맡는 쪽이 손해를 본다고 생각하기 마련이다. 그러다가 불만이 점차 쌓이게 되면 상대방에게 "이렇게 더러운 세면대를 보고 구역질을 안 할 **인간**은 없다"거나 "신발을 이렇게 막 벗어던지는 인간이 세상에 어디 있느냐"며 욕을 퍼붓는다. 상대방을 바꿀 수 없다는 사실을 인정하고 나면 남은 방법은 하나뿐이다. 지금의 상황을 받아들이거나 눈높이를 바꾸는 것이다. (가사 도우미를 쓰는 등) 창의적인 해결책을 찾아 나설 수도 있겠지만 내 경험상 대부분의 부부는 한쪽이 다른 쪽을 위해 희생한다. 바람직한 경우 두 사람이 같이 청소를 하거나 상대방이 자발적으로 태도를 바꾼다면 상황은 훨씬 부드러워진다. 인간은 자유를 사랑하는 존재다. 선택이 자유로울수록 상대방에게 맞추어 나갈 확률 또한 높아진다.

'상대방의 객관적 이미지를 그려라'라는 프롬의 요구는 누구나 납득을 하겠지만 최신 연구 결과를 보면 사랑하는 사람을 살짝 이상화하는 것이 정상이라고 한다. 상대를 과대평가하는 사람은 **자기 충족적 예언**을 하는 셈이고, 그 결과 상대는 이상형과 부합하는 방향으로 바뀌게 된다. 아마 프롬도 가벼운 왜곡에 대해서는 트집을 잡지 않을 것이다. 어차피 완전한 객관적 이미지를 그리는 것은 불가능하기 때문에 구성이 불가피하다는 사실에 동의할 테니까 말이다. 상대방의 약점에만 집중하여 공격적으로 비난을 하는 것보다는 상대의 긍정적 이미지를 만드는 편이 훨씬 낫다.

자본주의가 낳은 괴물

『사랑의 기술』에 담긴 심리학의 핵심은 현대 서양 사회에서 사랑이 몰락한 이유를 설명한 3장일 것이다. 프롬은 정신분석학의 입장에서는 핵가족을 중심에 두었지만, 사회심리학의 입장에서는 한 인간과 그의 부모가 성장하는 데 영향을 끼친 사회나 문화도 그에 못지않게 중요하다고 보았다.

그런데 자본주의사회에서는 진정한 사랑을 할 수 있는 기회가 매우 적다. 더 빨리, 더 높이, 더 멀리의 성과주의 사고가 사랑과는 어울리지 않을 뿐만 아니라 자본주의에 내재한 구조가 사람들에게 직접적인 영향을 미치기 때문이다. 이러한 사회에서는 생명이 있는 것보다 그러모은 생명 없는 물건들을 더 우선시하며, 인간을 등한시하는 가치가 지배한다. 나아가 내가 가진 모든 것을 최고의 가격에 최소의 비용으로 판매하는 교환의 원칙이 지배적이다. 정해진 작업 공정에 따라 움직여야 성공하는 이런 세상에서 자신의 관심사를 마음껏 경험하고 감정을 표현하고 자유롭고 즉흥적으로 행동하는 사람은 방해만 될 뿐이다. 모든 것이 기름칠한 기계처럼 척척 돌아가야 더 많은 상품을 생산할 수 있다. 실수를 동반하는 인간적인 것은 걸림돌이 될 뿐이다.

직장에서 사사로운 감정을 드러내는 사람은 아웃사이더가 될 가능성이 높다. 이런 사람들은 결국 과민한 이들을 위한 특수 치료 프로그램을 받아야 한다. 프롬은 그 이유를 이렇게 설명한다. "현대 자본주의는 아무 탈 없이 작동하고 점점 더 많은 소비를 원하며, 기호가 규격화되어 쉽게 예측하고 조종할 수 있는 엄청난 숫자의 사람들을 필요로 한다."(『사랑의 기술』) 일을 하느라 내면을 들여다볼 시간이 없기 때문에 사람들은 여유가 생겨도 틀에 박힌 오락으로 시간을 때울 뿐이어서 결국 존재의 핵심에 다가서지 못한다. 섹스, 스포츠, 극장, 빈둥거리기 그리고 빼놓을 수 없는 쇼핑, 이 모든 것은 자아 상실로 가는 지름길이며, 스트레스받은 인간의 배터리를 단기간에 충전시켜서 다시 일을 할 수 있게 만드는 용도일 뿐이다. 그러니 자아성찰에는 아무짝에도 쓸모없고, 당연히 사랑의 능력을 키우지도 못한다. 남는 것은 채울 수 없는 공허감이고, 소소한 활동으로 살짝 메울 수 있을 뿐 결국 인간은 늘 절망감에서 헤어나지 못한다.

대다수의 심리 치료 역시 내가 보기에는 일을 잘 못하는 사람을 코치하여 최대한 빨리 다시 일을 잘하게 고치려는 노력에 불과하다. 그래서 심리학을 잔혹한 자본주의의 노예로 전락한 사람들을 기름칠한 기계처럼 다시 작동할 수 있게 만드는 학문이라며 비판하는 사람들도 적지 않다. 프롬이라면 '병자'의 전체를 보지 않고 증상만 조몰락거려서 다시 혹독한 노동조건에 견딜 만큼 건강하게 만들어놓는 심리 치료를 비인간적이라고, 탐욕에 찬 자본주의 시스템이 낳은 또 하나의 괴물이라고 비판했을 것이다.

프롬은 심리학이 상담만 하는 학문에 그쳐서는 안 되고 더 큰 사회적 역할을 맡아야 한다고 주장했고, 살아생전 이러한 생각을 실천에 옮겨 정치 활동을 하기도 했다. 그는 사회가 개인을 병들게 하므로 심리학자들도 이 사회의 억압적 구조를 고발하고 바꿀 책임이 있다고 주장했다. 나아가 독자들에게 적극적으로 나서서 더 나은 세상을 위해 사회문제에 참여하라고 호소했다. 또한 군비축소와 핵무기 반대에 앞장섰고, 사람들에게 지구를 파괴하는 자본주의의 광기를 알리려 노력했다. 이러한 그의 호소는 무엇보다도 위대한 마지막 저서 『소유냐 존재냐』에서 가장 큰 울림을 주지만, 이에 대해서는 뒤에서 자세히 살펴보기로 하자.

자본주의 노동구조는 인간관계에도 전염되는데, 우리가 사용하는 언어만 보아도 잘 알 수 있다. 프롬은 1950년대 처세서들이 좋은 인간관계의 이상이라고 선전했던 '팀'이라는 개념을 그 증거로 삼았다. 이 개념은 인간관계도 기계처럼 기름칠을 잘해야 효율적이고 갈등 없이 잘 굴러갈 수 있다는 자본주의 시스템의 기본 전제를 함축적으로 표현한다. 그러나 이런 식의 인간관계는 외톨이라는 기분과 불안을 잠시 잠깐 줄일 수 있을 뿐 근본적인 문제를 해소하지는 못한다. 게다가 팀은 자기들끼리 똘똘 뭉쳐 다른 사람들을 배척하고 시장 경제 원칙에 따라 다른 팀과 경쟁을 벌이며 자기들의 이익만 챙긴다. 이것은 사랑이 아니라 **둘이서 나누는 이기주의**egoisme à deux다. 진정으로 사랑할 수 있는 사람은 결국 만인을 사랑한다. 자기 자신과 상대방, 인간과 신, 그 모두를 사랑한다. 사랑하는 사람은 짝을 자랑하거나 다른 사람의 짝을 샘내지 않는다. 사랑은 사랑하는 상대를 물건처럼 전시하는 것이 아니기 때문이다.

당시의 부부 상담에서 한창 유행하던 부부 생활 개선을 위한 섹스 기술 전수 역시 프롬은 단호히 거부했다. 그는 성적 욕망을 거침없이 채웠음에도 중증 노이로제에 시달리는 사람들을 너무 많이 보았다. 사랑이 있어야 만족스러운 성도 있는 것이지 순서가 뒤바뀌어서는 안 되므로 특별한 기술을 배운다고 해결될 문제가 아니었던 것이다. 그런데도 그의 책『사랑의 기술』은 파트너 관계의 조언서로 주목을 받아 높은 판매고를 기록하면서 베스트셀러에 올랐다. 참 아이러니한 현실이다.

나 역시 많은 환자들에게 이 책을 읽어보라고 권한다. 특히 되돌려 받지 못할 사랑을 하는 환자나 파트너를 바꾸려 하거나 심지어 내게 바꾸어달라고 부탁을 하는 환자들에게는 더욱 이 책을 꼭 읽어보라고 한다. 나무가 아닌 숲을 보라는 추상적인 시각 때문에 조언서로서 실질적인 효과가 있을지 의문이지만, 그런 우려 역시 프롬은 근시안적 사고라고 못 박을 것이다. 그러면 아마도 사랑에 대한 지적인 접근이 기나긴 인식 과정을 이루는 작은 조각이 될 수 있다고 하지 않을까 싶다.

프롬은 보편적 차원에서 태도 변화를 불러일으키기 위해 노력했다. 소유에서 눈을 돌려 존재를 바라보라고, 받기에서 눈을 돌려 주기를 바라보라고, 자기 자신을 외면하지 말고 존재를 바라보라고 말이다. 그는 구체적인 길을 제시하는 대신 우리에게 다시 우리의 행성에 내려앉으라고 요구한다. 그가 지금의 우리를 본다면 기계의 세상에 내려앉은 로봇이라고 생각할 것이므로 유일한 깨달음의 길은 다시 인간이 되는 길일 것이다.

프롬은 남녀 모두에게 똑같이 자아실현을 요구했고 관계에서도 자아실현이 필요하다고 주장했다. 당시 사람들은 이런 주장이 과도한 요구라고 생각했고, 지금도 몇몇 문화권에서는 강한 반발을 불러일으킬 것이다. 이를테면 멕시코 출신이 하가 칼로만 보고 멕시코를 페미니즘 국가라고 생각한다면 그건 크나큰 착각이다. 지금도 멕시코에서는 여성의 발언권이 크지 않다. 할머니가 가족의 우두머리인 경우는 많지만 여전히 많은 여성들이 일자리를 얻지 못하고 있다. 설사 일을 한다고 하더라도 남녀 임금 격차가 극심하다. 여성이 몸으로 겪는 차별도 만만치 않다. 2016년의 설문 조사 결과에 따르면, 15세 이상 여성의 3분의 2가 폭력을 경험했다고 한다.[16] 여성 억압의 최고봉은 페미사이드femicide다. 실제로 많은 사람들이 이런 범죄를 멕시코의 문화적 특성으로 해석한다.[17] 우리도 여행을 하면서 멕시코 특유의 남성 우월주의인 마치스모를 경험했다. 가이드는 여행 내내 여성 일행들에게 전철을 이용하지 말라고 경고했다. 심지어 출근길에 여성들이 습격을 많이 당해 여자 혼자서는 탈 수 없는 열차도 있다고 했다.

프롬은 독립적이고 적극적으로 활동하며 같은 눈높이에서 대화를 나눌 수 있는 지적인 여성들과 사랑을 하거나 우정을 쌓았다. 그중에는 당시 사람들 눈에 페미니스트였던 호나이나 미드Margaret Mead 같은 학자들도 있었다. 첫 번째 부인 라이히만Frieda Reichmann은 그린버그Joanne Greenberg의 베스트셀러 소설 『난 너에게 장미정원을 약속하지 않았어』에 등장하는 정신과 의사의 모델이었다. 그러니 프롬은 이러한 멕시코의 마초 문화를 원시적이라고 생각했을 것이다.

페미사이드

여성female과 살해homicide의 합성어로, 여자라는 이유만으로 여성들이 범죄의 대상이 되는 것을 의미한다. 유엔 보고서에 의하면 2016년 한 해에만 멕시코에서 2,746명의 여성이 피해를 입었고, 가부장적이고 성차별이 심한 불평등 사회일수록 많이 발생하는 것으로 나타났다. 페미사이드를 연구하는 학자들은 진실을 은폐하기에 급급한 정치권과 법적으로 안일하게 대처하는 사회구조가 문제를 더욱 키운다고 보았다.

프리다 라이히만

프롬은 하이델베르크에 있는 라이히만의 치료소에서 정신분석학을 처음 배웠다. 프롬은 열한 살 연상의 라이히만을 어머니처럼 대했고, 1924년부터 가까워지기 시작한 두 사람은 1926년에 결혼했다. 두 사람의 결혼 생활은 4년 만에 끝이 났지만, 두 사람은 헤어진 후에도 친구 관계 를 유지했다. 1957년에 그녀가 세상을 떠나자 프롬이 크게 슬퍼했다고 한다.

하지만 그 당시에 남성이 프롬과 같은 수준의 남녀평등을 주장한 경우는 극히 드물고 이례적이었다. 독일만 하더라도 1970~1980년 대까지는 남자가 유모차를 밀고 가거나 집에서 밥을 하면 조롱을 받았다. 남자가 휴직을 하고 아이를 키우는 것은 상상도 할 수 없었 다. 요즈음은 남자의 육아 휴직도 특별한 일이 아니지만 당시에는 프롬이 주장한 남녀의 동등함은 가히 혁명적이었다. 더구나 그가 제시한 평등의 근거는 매우 간단하고 명료했다. 그의 사랑 이론으 로 보면 이런 평등한 만남은 너무나 논리적이고 당연했다. 아내를 사랑한다면 남편은 자기 아내를 자신과 다르게 취급하지 않을 테니 까 말이다. 그렇게 간단하고, 또 그렇게 현대적이다. 하지만 그런 기 준에 도달한 문화권은 얼마 되지 않는다. 이런 점에서도 프롬의 이 론에는 명백히 문화를 변화시키는 신호가 담겨 있는 것이다.

사랑의 유일한 증거

거짓 사랑 모델이 제공되는 세상에서, 마케팅으로 체면과 성과 와 이윤만 노리는 세상에서 사랑은 애당초 불가능한 시도인 것 같 다. 현대 사회심리학은 사회 규범에서 빠져나오는 것이 얼마나 힘 든지를 여실히 보여준다. 우리는 심지어 무의식적으로도 사회 규 범을 따른다. 최신 연구 결과를 보면 우리는 도서관이라는 글자를 읽기만 해도 목소리를 낮추며, 노인을 떠올리면 자동적으로 걸음 이 느려진다.[18]

우리의 기억은 연상의 네트워크다. '펑크'를 생각하면 자동적으로 이 단어와 연결된 사고 과정이 활성화한다. 펑크는 '비전통적이다' '위험하다' '창의적이다' 같은 연상을 일으키고 '도서관'은 '조용히 한다' '방해하지 않는다'의 같은 연상을 동반한다. 그러면 우리는 의식하지 않더라도 자동적으로 그 생각에 맞게 행동하게 된다.

'미의 이상'도 사회에 만연한 무의식적 사고의 영향력을 보여주는 또 하나의 사례다. 유럽에서 이목구비가 뚜렷한 얼굴에 날씬한 몸매를 가진 사람들을 항상 미남미녀라고 했던 것은 아니다. 다른 시대에는 풍만한 몸을 더 선호했다. 마른 몸은 가난으로 제대로 먹지 못해 병이 들었다는 의미였다. 때로 학자들은 진화에서 그 이유를 찾는다. 예를 들어, 유럽 남성이 젊은 여성을 선호하는 이유는 건강한 젊은 여성이 유전자를 퍼뜨릴 확률이 더 높을 것이라고 생각하기 때문이다. 하지만 아무리 그럴듯한 이론도 현상의 복잡성을 설명하지 못한다. 미의 이상은 건강과 전혀 상관이 없을 때가 많다. 1960년대 이후 유럽에서는 날씬한 몸매를 선호하는 사회적 분위기 때문에 젊은 여성들의 거식증이 눈에 띄게 늘었다. 심지어 요즈음은 말라비틀어진 몸매를 미의 이상으로 생각한다.

역사적으로 보면 원시 부족의 미의 기준은 조금 더 부조리하다. 마야인들은 비틀어진 두개골을 매력적이라고 생각했다. 그래서 어른들이 아기의 머리를 두 개의 판자 사이에 끼워서 두개골을 변형시켰다고 한다. 또 머리카락에 송진을 매달아서 아이가 계속 곁눈질을 하게 만들었다. 가벼운 사시가 쑥 들어간 이마와 함께 매력적이라고 생각했기 때문이다. 그러니까 사람들이 아름답다고 생각하는 것은 사회적 구성이다. 동시에 대부분의 사람들은 왜 자신이 특정한 사람에게 사랑을 느끼는지 그 이유를 의식하지 못한다.

많은 정보를 담고 있을 테지만, 모든 사람이 어린 시절을 기억하는 것은 아니다. 어머니로부터 과보호를 받았다는 사실을 깨달았다고 하더라도 프롬이 말하는 사랑을 할 수 있을 만큼 자신을 본질적으로 바꿀 수는 없다. 우리 대부분은 마음의 양식이 충분하지 않아 궁핍하며, 일 잘하고 조직에 잘 적응하고 사사로운 감정을 억누르라고 말하는 세상에 살고 있다. 심리 상담을 받으러 가서 행동의 원인을 알아내려는 사람은 극소수에 불과하다.

그럼에도 프롬은 물질주의 시대가 끝나기를 기다리지 말고 이상에 접근하기 위해 노력하라고 충고한다. 어쩌면 이것이 그가 다른 처세서들처럼 구체적인 행동 요령을 알려주지 않고 모호함을 유지했던 또 하나의 이유일지도 모르겠다. "사랑의 증거는 하나뿐이다. 관계의 깊이, 사랑하는 두 사람 모두의 활기와 강인함. 그것만이 사랑을 깨달을 수 있게 하는 열매다."(『사랑의 기술』) 물론 이런 말을 들으면 '그 깊이를 어떻게 느낄 것인가?'라는 의문이 들 것이다. 마음의 양식이 되는 교육을 받지 못해 나 자신에게로 다다를 수 없는데 어떻게 그 깊이를 느낄 것인가? 프롬이라면 아마도 이렇게 대답했을 것이다. "너무 생각을 많이 하지 마. 어쨌든 사랑은 느껴질 테니까. 직관을 믿어." 그러고는 망연자실, 우울한 표정을 지을 것이다. 당연히 다른 쪽에서는 수많은 사람들이 위선을 떨 테니까.

하지만 어찌 보면 그 모호함이 『사랑의 기술』의 성공 비결인지도 모르겠다. 사실상 이 책에서 말하는 사랑의 이상을 만족시킬 수 있는 사람은 많지 않다. 그러니까 대부분의 독자들은 실망하여 책을 덮어버릴 것이고 두 번 다시 사랑하지 못하게 될 것이라는 사실에 울적해할 것이다. 그런데 현실은 정반대다. 자기 자신을 지독하게 미워하거나 지독한 자본주의자였던 환자들도, 부모에게서 독립하지 못한 환자들도 이 책을 읽고 활기 넘치는 사람으로 바뀌었다. 매우 추상적인 언어 덕분에 많은 독자들이 자신은 사랑을 할 수 있는 소그룹에 포함된다는 착각을 할 수 있는 것이다. 해석의 여지는 크고, 투사의 여지는 엄청나다.

우리가 사랑할 때 필요한 몇 가지

모호함이 『사랑의 기술』 전체를 감싸고 있지만 끝머리에서는 분명한 어조로 사랑의 조건을 언급하고 있다. 프롬은 사랑을 하려면 **훈련**과 **집중**과 **인내**가 필요하다고 말한다. 다른 기술을 연마할 때도 마찬가지지만 사랑의 기술을 습득할 때도 연습이 필요하다고 말이다. 나아가 사랑의 기술이 한 사람의 중심 가치가 되어야 한다고 주장한다. 그렇지 않으면 열심히 공부하고 노력하여 '가뭄'도 이겨내겠다는 의욕이 진실로 샘솟지 못할 테니까 말이다.

프롬은 훈련을 의무가 아니라 어떤 일에 매진하는 자발적 선택으로 이해한다. 훈련이 항상 고될 필요는 없다. 특히 높은 의미를 부여하는 일은 정말로 쉽게 습득할 수 있다. 그가 말하는 집중은 요즈음에 '마음챙김'이라고 부르는 수행과도 비슷하다. 그러니까 신경을 곤두세우고 여러 가지 일을 동시에 처리하면서 '빨리빨리'를 외치는 분망한 일상과는 반대로 지금 여기, 초점을 맞춘 일 혹은 상대에게로 마음을 향하게 하는 것이다.

집중은 혼자 있을 수 있는 능력이다. 힘들다면 혼자 있는 연습을 해야 한다. 이 또한 모순이다. 물론 프롬의 입장에서 보면 모순이 아니겠지만 말이다. 혼자 있으면 자신을 찾을 수 있고 마음을 가라앉힐 수 있으며 자신을 사랑하는 법을 배울 수 있다. 이것은 다시금 타인을 사랑할 수 있는 기틀이 된다. 집중은 내가 먼저 말하지 말고 타인의 말에 귀를 기울이라는 의미이기도 하며, 이 또한 마음을 내려놓은 상태에서만 가능하다. 그러자면 자신에 대한 감각을 키워야 하고 신체의 느낌과 변화를 더 잘 인식하는 훈련을 해야 한다. 이 과정에서 성숙한 태도가 형성되어 삶의 모든 과정을 결정할 것이고 나아가 결국에는 "우리의 문화 전통 전체가 허물어지는" 결과를 낳을 것이다. 그러므로 프롬에게는 이 책이 문화혁명을 일으키자는 제안이었다. 1968년 미국과 독일 등 세계 곳곳에서 실제로 일어났던 그 사랑의 혁명 말이다. 당시 많은 사람들은 (자유) 연애가 자본주의를 무찌를 수 있을 것이라고 믿었다.

하지만 그러자면 우리는 나르시시즘을 벗어던져야 한다. 나르시시즘은 사물을 바라보는 객관적인 시각을 왜곡한다. 나를 중심으로 세상을 바라본다면, 모든 것을 나의 득과 실에 따라 판단한다면, 사랑은 불가능하다. "사랑의 관계에서 중요한 것은 자신의 사랑에 대한 믿음, 자신의 사랑이 상대의 사랑을 불러낼 수 있다는 믿음 그리고 그 사랑의 신뢰성에 대한 믿음"(『사랑의 기술』)이다. 부모가 자식

68혁명

자본주의 체제에 저항하는 움직임의 뿌리는 유럽 사회를 휩쓸었던 68혁명으로 거슬러 올라
간다. 68혁명은 프랑스 대학생들의 반전시위에서 시작되어 유럽 전역과 미국, 아시아 등으로
확산되었으며, 각 나라의 낡은 관습과 체제 등을 바꾸어놓는 계기가 되었다.

의 성장 능력을 믿어야 하듯 자신과 타인을 믿어야 하며, 심지어 인류를 믿어야 한다. 의심이 들거나 믿음이 약해질 때는 그것을 항상 노력해야 한다는 신호로 받아들여야 한다. 프롬은 쉼 없이 정신없고 허둥대는 업무나 계획 없는 빈둥거림과는 구분되는 정서적·지적·창조적 활동을 강조했다. "내적 활동, 자기가 가진 힘의 생산적 소비", 그것이 곧 행복의 길이요 목표인 것이다.

자아실현으로
가는 길

둘 중 어느 것도 아니면서 둘 다인 것

프롬은 『사랑의 기술』의 마지막 장 「사랑의 실천」에서 동방에 대한 관심을 명확하게 드러냈으며, 훗날 선불교에 대해 보다 자세히 연구했다. 그는 정신분석의 무의식과 선불교에서 말하는 무無의 공간이 유사하다는 점에 끌렸다. 자신의 가장 깊은 내면으로 들어간 인간은 분리되었다는 느낌을 벗어던지고 무한의 의식 공간에서 우주와 하나가 된다. 그러나 전형적인 서양 문화권에서 성장한 사람이라면 프롬의 주장에서 수많은 모순을 발견할 것이다. 혼자면서도 누군가와 하나가 되고, 자신을 사랑하면서도 동시에 모든 타인을 사랑하며, 타인에게 완전히 마음을 열면서도 온전히 자기 자신인 상태. 서양의 논리로 보면 도저히 해소할 수 없는 모순이다.

아리스토텔레스의 논리에서 정해진 단위 A는 항상 A일뿐 절대로 non A일 수 없다. 즉, A는 A이면서 동시에 non A일 수 없다. 따라서 상대방은 항상 상대방일 뿐 동시에 나일 수 없다. 그러나 프롬이 말한 **역설적 논리**는 모순을 포함할 수 있다. 여기서는 우리가 아무것도 모른다는 사실을 알 수 있고, 무언가가 있으면서 동시에 없을 수 있으며, 무이면서 동시에 만물이 들어갈 공간이 존재할 수 있다. 물론 프롬도 모순이 존재한다는 사실을 부인하지 않았고, 그는 그것이 정신의 구성이라고 했다. 우리의 정신은 모순을 깨달을 만큼 일한다. 하지만 이 말이 반드시 세상이 모순으로 이루어진다는 뜻은 아니다.

프롬이 말하는 사랑도 마찬가지다. 타인과, 세상과, 심지어 신과 하나라는 말은 자아를 잃어버린다는 의미이면서 동시에 자아를 확인한다는 의미다. 특히 신을 향한 사랑을 설명한 부분에서 프롬의 설명은 더 구체적이 된다. 프롬은 신을 향한 사랑이 자신과 타인을 향한 사랑에서 나온다고 주장한다. 그의 사랑관에서 분리란 없기 때문이다. 실제로 많은 서양의 기독교도들은 신을 힘과 권위가 넘치는 아버지라고 상상한다. 그러니까 신은 그들 앞에 서거나 그들 위에서 군림하는 존재이며 근본적으로 그들과 다르다. 그러나 신은 그렇지 않다. 신을 에너지나 힘으로 상상하면 신은 우리를 채울 수 있고 우리와 하나가 될 수 있다. 나는 이런 식의 사고를 **사구부정**四句 否定(트릴레마trilemma)*에서 배웠고, 실제 현장에서 매우 유익하게 사용하고 있다. 사구부정에서는 **일자**와 **타자**라는 전형적인 선택지에 **둘 중 어느 것도 아니다**나 **둘 다**의 선택지가 추가된다. 예를 들어 어

---

* 숫자 '3'을 가리키는 '트리tri'와 정리를 증명하기 위해 사용되는 보조적인 명제라는 뜻의 그리스어 '레마lemma'의 합성어로, 세 가지 명제가 상충하여 나아가지도 물러서지도 못하는 상황을 가리킨다. 보통 진퇴양난의 상황을 딜레마라고 하기 때문에 트릴레마라는 말 대신에 삼각딜레마 혹은 삼중딜레마라고 부르기도 한다. —옮긴이

떤 사람이 베를린과 서울 중 어디에 살지 쉽게 결정을 내리지 못한 다면, 이런 상황에서 **둘 중 어느 것도 아니다**나 **둘 다**가 무슨 의미인 지를 고민해보라고 권하는 것이다. 그럼 그 사람이 딜레마di-lemma 에서는 발견하지 못한 창의적인 해결 방안을 떠올리는 경우가 생긴 다. 한 곳을 정할 수 없었던 한 사람은 두 도시 중간에 있는 매력적 인 장소에서 살자는 아이디어를 냈다. 또 다른 사람은 고민을 거친 후 상대와의 관계를 정리했다. **둘 중 어느 것도 아니다**가 도시의 문 제가 아니라고 깨달았고, 결정의 자유를 누리면서 문득 상대방에게 (다시 한번) 속박당하는 느낌을 깨달았기 때문이다. 이처럼 시스템 치료에서는 트릴레마가 일반적인 방법[19]으로 자리를 잡아 문제 해 결책의 구상에 많은 도움을 주고 있다.

선, 존재로 가는 길

프롬은 의미 있는 저서 『선과 정신분석』에서 여러 종교를 다루면 서 각각에 대한 이런저런 평가를 시도했다. 정신분석학자로서 버릴 수 없었던 '성숙-미성숙'의 차원은 이 책에서 다시 한번 모습을 드러 냈다. 그는 원시 자연종교를 "인간 이전의 실존을 완벽하게 버리고 이성과 사랑이라는 인간의 특수 능력을 키우고 그리하여 인간과 자 연, 인간과 인간의 새로운 조화를 얻으려는 것에서 인간 존재의 질문 에 대한 해답을 찾는" 현대 종교의 전 단계에 불과하다고 주장했다.

또한 그는 약 2000년 전에 공동의 뿌리에서 갈라져 나온 선불교와 기독교의 공통점과 차이점에 관심을 기울였다. 그가 보기에 두 종교 모두 "완벽하게 마음을 열고 너른 마음과 깨인 정신으로 활력 있게 살기 위해서는 (내 안과 밖의 세계를 강요하고 조종하고 억압하려는 나의 욕구라는 의미에서) 의지를 포기해야 한다"(『선과 정신분석』) 점을 강조하기 때문이다. 그런데 깨달음으로 가는 길이 오직 이성에만 있는 것은 아니다. 물론 이성은 세계를 이해하는 중요한 수단이지만, 이성만으로는 세계를 이해할 수 없다. 때로는 직관과 공감과 감정도 필요하다.

프롬이 보기에 기독교는 인간에게 복종을 강요하는 지배자 신의 관념을 완전히 포기하지 않았다. 선불교에서는 그런 식의 문제 많은 부자 관계로 퇴행하지 않고도 깨달음이 가능하다. 프로테스탄티즘에 대한 그의 비판과 더불어 이 점은 프롬이 확연히 불교를 더 아꼈다는 증거다. 따라서 그가 정기적으로 명상을 했음에도 불교 신자가 되지는 않았다는 사실은 의아한 대목이다. 무슨 연유인지 내게는 종교를 대하는 그의 방식이 차갑게 느껴진다. 마치 신이 존재하고 (프롬은 신의 존재를 의심하지 않았다) 의례를 만들어 이 신에게 다가가는 것이 인간의 임무기라도 한 듯 말이다. 종교는 구성이고 그것의 형태는 인간의 손에 달렸다. 명상을 할지 기도를 할지 저서를 연구할지 누구나 고민할 수 있다. 프롬 역시 이 형태들을 내키는 대로 평가하고 비판했다.

그에게 선불교는 최고의 종교 이념이자 최고의 영적 형태다. 불교가 지향하는 태도는 그의 사상과 가장 잘 맞아떨어진다. 예를 들어 지적 탐구 외에도 직관과 감정을 인식 과정에 허용하는 사랑관이 그러하고, 받기보다는 주기를 택하는 자세가 그러하며, 상대(나의 신)의 본성과 하나가 되면서도 동시에 상대를 독자적 존재로 바라보려는 공동의 목표가 그러하며, 물질적인 것을 외면하고 나아가 아버지 신의 물질적 관념마저 외면하는 것이 그러하다. 이 모든 것이 그의 인문주의 사랑 이론과 불교의 공통점이다. 프롬에게는 불교의 발견이 곧 자기 이론의 정당성을 확인하는 것이었다. 불교에서 자신을 재발견한 것이다.

존재의 본성을 들여다보는 기술

멕시코 역사를 이야기할 때 빼놓을 수 없는 인물이 있다. 바로 말린체Malinche다. 그녀는 멕시코 국민의 대다수를 이루는 메스티소*를 최초로 낳은 어머니로 존경받았으나, 정복자 코스테스의 편에 서서 조국을 배신했다는 사실이 드러나면서 '말린체'가 경멸과 혐오의 의미로 쓰인다.

이 말린체의 이름을 딴 산이 있다고 하여 여행의 마지막 날 이곳에 올랐다. 산에 오르려는데 눈에 검은 점이 있는 개 한 마리와 이보다 덩치가 좀 더 작은 개 한 마리가 우리를 따라왔다.

"서양에서 태어난 사람이 선불교를 이해하고 깨달음을 경험했다

---

* 라틴아메리카의 에스파냐계 백인과 인디오와의 혼혈 인종으로, 라틴아메리카 인구의 약 70퍼센트를 차지하며 멕시코에 집중되어 있다. —옮긴이

저 멀리 보이는 말린체산

는 게 상상이 잘되지 않아." 만프레트가 우리를 따라오는 개를 쓰다 듬으며 말했다.

"프롬은 겸손하게 인정했어. 한 번도 깨달음의 상태를 경험해본 적이 없다고. 그래서 깨달음의 선불교와 정신분석이 닮은 점이 많다고 생각했지." 선불교에 대한 프롬의 입장은 나도 많은 관심을 두고 있는 분야다.

"정신분석은 억압한 것을 의식하자는 거 아니야? 그게 선불교와 무슨 상관이 있어?"

"프롬은 '이드가 있던 곳에 자아가 생겨야 한다'라는 프로이트의 이 유명한 말을 자주 인용했어. 소외된 인간이 기쁨과 웰빙을 경험하려면 치료를 받아야 해. 프롬이 말하는 웰빙은 인간의 본성과 일치한다는 뜻이야."

"인간의 본성이 존재한다는 거야? 그것 참 특이하네! 그게 뭔데?"

"예를 들면 사물이나 소유가 아니라 자신과 자신의 삶을 완성하는 거지. 프롬은 모든 것이 태어남과 동시에 시작한다고 보았어. 어머니라는 존재에서 분리되는 것이 출생이고, 시간이 지나면 거기에 혼자라는 의식이 추가되고 그 의식을 극복해야만 하는 거지. 바람직한 경우에는 우리가 자유롭게 창의적·창조적·독자적으로 활동할 수 있다는 사실을 이해하겠지. 그럼 타인들을 인식할 것이고 세상을 인식할 것이고 웰빙을 경험할 수 있겠지. 프롬은 행복이란 단어를 별로 좋아하지 않았어. 진부하다고 생각했거든."

"그게 선禪하고 무슨 관련이 있어?"

"프롬의 정신분석은 독자적인 인문주의의 형태이고 자아실현을 숭고한 목표로 삼지. 그 목표에 도달하려면 잠시 자신의 의지를 꺾어야 하고 그것이 깨달음의 길을 걸으며 자신을 '비우는' 불교와 유사한 부분이야. 선불교는 기독교와 달라서 아버지 신에게 종속될 위험이 적어. 프롬은 신비주의자들처럼 신을 인간을 지배하는 존재가 아니라 힘이나 경험으로 상상했거든."

"무의식적인 것을 의식하면서 어떻게 자신을 비울 수가 있지? 정확히 언제가 그런 때인 걸까?"

"그건 프롬한테도 복잡한 문제였을 거야. 의식적인 것은 소외된 경우가 많으니까. 의식적인 것은 사회적 의무이고 사회적 기준이며 나 자신과 관련이 있는 것이 아니라 남들이 나에게서 기대하는 것이지. 의식해도 되는 것을 사회가 필터로 걸러내는 거야. 그러나 무의식적인 것은 온전한 인간이야. 선하지도 악하지도, 합리적이지도 비합리적이지도 않은 온전한 인간. 그런데 의식적 인간이 온전한 인간에게 허구를 제공하기 때문에 왜곡이 일어나. 세상을 있는 그대로가 아니라 마땅한 모습으로 혹은 타인들이 원하는 모습대로 제공하는 거지. 프롬은 이런 연관 관계를 통찰하는 것에 멈추지 않고, 여기서 한 걸음 더 나아가서 그것을 체험하고 느껴야 한다고 생각했어. 자신을 알려면 삶의 무게를 내다버리고 자신을 비워야 하는 거지. 그러고 나면 다시 무의식적인 것, 실제로 존재하는 것을 의식하고 더불어 자유롭게 자아실현을 할 수 있는 거야."

우리는 정상에 올라서서 숲을 내려다보았다. 머리 위에서 검은 머리수리들이 맴을 돌며 날고 있었다. 사방에서 도끼질 소리와 톱질 소리가 들렸다. 급기야 나무줄기를 심하게 훼손하는 자도 있었다. 그러나 우리는 아무 말도 하지 않았다. 굳이 그럴 이유가 없다면 여기 사람들도 저런 짓을 하지 않을 것이다. 깨달은 자라면 어떻게 할까? 내버려둘까? 아니면 도둑들에게 가서 다정하게 왜 그런 짓을 하면 안 되는지 설명을 할까?

나는 다시 말을 시작했다. "프롬이 설명한 과정은 대충 이래. 어릴 때 우리는 순진무구해서 고독과 절망을 깨닫지 못해. 마치 낙원에 사는 아담과 이브처럼. 그러나 나이가 들면 사회의 온갖 짐이 내면의 자아를 뒤덮어 낙원에서 추방되고 말지. 그러니까 그 짐을 '비우고' 다시 아이로 돌아가자는 거야. 물론 같은 아이는 아니지. 남자와 여자, 정상과 비정상, 선과 악, 요컨대 억압했던 모든 것을 보고 느끼고 경험하고 이해하는 아이가 되자는 거야."

만프레트가 비스킷을 뜯고 물을 꺼냈다. 내가 한마디하기도 전에 바위의 움푹 팬 곳에 물을 부었다. 개들이 좋아하며 달려들었고 물이 순식간에 사라졌다. 만프레트가 개들에게 비스킷과 빵을 주자, 하루 종일 굶은 것처럼 개들이 허겁지겁 먹어치웠다.

"그럼 선의 역할은 뭐야?"

"프롬은 선도 장애를 막는 방법이라고, 나아가 존재의 본성을 들여다보는 기술이라고 생각했어. 선을 노예 상태에서 자유로 가는 길이라고도 불렀거든. 선은 타고난 우리의 에너지를 풀어내어 위기를 이겨내도록, 무엇보다 실존적 고독을 참고 견딜 수 있도록 도와주지."

"그럼 그건 종교지 심리 치료가 아니야."

"맞아. 하지만 프롬은 정신분석을 특수한 장애의 제거가 아니라 웰빙으로 가는 일종의 새로운 생활 형식으로 보았어. 이게 새로운 지점이지. 선불교에 대한 생각은 그의 후기 저서를 관통하는 주제인 것 같아. 깨달음과 치료는 욕심을 버리지 않으면 불가능하다는 생각, 장애가 있는 개인에게만 주어지는 과제가 아니라 사회적 과제라는 생각."

만프레트는 곰곰이 생각한다. "그러니까 심리 치료를 통해 자본주의와 물질주의의 종식이라는 과제에 성공한다?"

"그렇지. 그게 그의 생각일 거야. 혼자서는 할 수 없으니까. 소유에서 존재로 가는 길은 이드에서 자아로 가는 길만큼 험난한 길이야. 그래서 심리학자의 도움이 필요한 거지. 물질주의 세상에서 무의식적인 것을 의식하기란 쉬운 일이 아니거든. 온 세상이 존재가 아니라 사물에만 관심을 기울이니까. 사물은 우리를 기만하지. 왜곡된 사회와 의무, 유행이 낳은 기형이기에 비주체적이야. **존재**와 반대로 거짓 **가상**인 거지. 프롬은 심지어 마르크스주의와 선불교의 유사성을 주장하기도 했어. 둘 다 소외를 넘어선 존재, 깨달음의 삶을 중요하게 생각하니까."

"알겠어. 그러니까 우리가 심리 치료를 받아 세상을 바꾸든가 아니면 혁명으로 세상을 뒤집어엎어서 심리학자를 쓸모없게 만들거나……."

나는 연신 손을 내밀지만 그때마다 작은 개는 달아났다. 더 가까이 다가가면 물지도 모르겠다. 이곳에서는 떠돌이 개를 좋아하지 않는다고 한다. 이 작은 개도 사람들의 괜한 분풀이 대상이 되어 안 좋은 일을 많이 겪었을 것 같다.

"치료를 받지 않고 불교 신자가 되는 건 어떨까? 프롬의 말대로라면 선은 정신분석과 똑같은 기능을 하니까."

"맞아. 그런데 프롬은 선이 정신분석보다 더 위대하고 중요하다고 보았어. 선이 심리 치료와 자기인식에 매우 유익한 영향을 미칠 수 있다고 강조했거든. 정신분석의 목표가 바로 이드에서 자아로 나아가는 거잖아."

산 밑 주차장에 도착하자 두 마리 개는 왈왈 짖더니 숲으로 들어가버렸다. 호텔 주인에게 개 이야기를 하니 웃으며 이렇게 말했다.

"그게 바로 당신들의 수호신이에요. 알레브리헤alebrije.* 이 산에 검은 점이 있는 흰 개들은 없어요. 있다면 내가 들어봤겠죠. 죽음의 왕국에 갈 때까지 기다려봐요. 거기 가면 당신들을 지켜줄 수호신이 필요할 테니까. 내 장담하죠. 그 수호신이 바로 옆에 따라다니던 그 두 마리 개일 거예요."

---

* 멕시코의 조각가 리나레스Pedro Linares는 꿈속에서 나비 날개를 가진 당나귀, 소뿔을 단 수탉, 독수리 머리를 한 사자 등 기묘한 동물들을 보았는데, 이 동물들이 한목소리로 외친 말이 '알레브리헤'였다. 그는 꿈에서 본 환상의 동물을 조각했고, 이것이 알레브리헤의 기원이다. 멕시코인들은 알레브리헤가 악마의 기운을 몰아내고 사람들을 보호해준다고 믿는다. ―옮긴이

산 후안 차물라에서

프롬은 우리의 인식이 편파적이라는 사실을 잘 안다. 우리의 언어, 사회적 가치, 구조는 외부 세계를 바라보는 기준을 정하고(『선과 정신분석』), 이것은 왜곡을 초래할 수도 있는 선별적 인식과 인지로 이어진다. "모든 사회는 실생활과 관계 맺기의 방식, 느낌과 인식의 방식을 통해 의식의 형태를 결정하는 범주 시스템을 형성한다. 이 시스템은 사회가 정한 필터처럼 작용한다. 따라서 그 필터를 통과한 감정만이 의식으로 들어올 수 있는 것이다."(『선과 정신분석』) 나는 멕시코 남부 치아파스Chiapas주에 있는 산 후안 차물라San Iuan Chamula에서 이런 구성이 얼마나 강하게 작용하는지 몸소 경험했다.

차물라는 마야의 원시종교와 유럽의 가톨릭이 뒤섞여 독특한 풍경을 자아내는 곳이다. 묘지 주차장에서부터 왠지 모를 공포감이 엄습해왔다. 무덤들이 죽음이 가까이 있다고 외치는 것만 같았다. 조금만 흙을 파내면 죽은 자의 모습이 드러날 것 같았다. 여기, 반짝

차물라의 공동묘지

이는 아침 햇살 속에서 서 있으니 죽음이 바람처럼 불어오는 느낌이었다. 휙 던져놓은 흙덩이들, 무덤 머리맡인 것 같은 지점에 소박한 나무 십자가들이 서 있다. 꽃무늬 끈으로 휘감아 놓은 십자가가 많고 빛바랜 조화도 눈에 띄었다. 무덤의 돌들은 균형이 맞지 않고 단정하게 쌓아올려 있지도 않았다. 아이들이 만든 것처럼 모든 것이 조악해 보였다. 하지만 눈에 거슬리지는 않았다.

사진을 절대로 찍어서는 안 된다는 경고판이 여기저기 붙어 있다. 휴대전화도 사용 금지다. 그들은 신앙심이라고는 없는 무지한 관광객들이 자신들의 모습을 사진으로 찍어 주술 의식에 악용할까봐 겁을 낸다.

도로를 따라 무너진 건물들이 늘어서 있고 미처 완공하지 못한 건물 꼭대기에는 금속 전선이 노아의 홍수 이전의 안테나처럼 공중으로 삐죽삐죽 솟아 있다. 우리는 지진으로 인해 쩍 벌어졌지만 미처 메우지 못한 도로의 틈을 뛰어넘으며 걷고 또 걸었다.

성당으로 가는 길은 기념품 가게로 북적였다. 가게 주인들이 다 유목민인 양 판자 칸막이와 비닐 포장으로 대충 엮은 가게들이다. 성당 앞 시장 광장에는 덥수룩한 흰 양가죽 판초를 걸친 남자들이 많았다. 그중에는 판초 밑에 검은 양털 외투를 껴입은 사람들도 있었다. 여자들은 검은 양가죽 치마를 입고 위에는 반짝이 블라우스를 입었다. 진짜 가죽이어서 그런지 약간 뻣뻣해 보이고, 무척 더워 보였다. 흰옷을 입은 남자들은 마요르 도무스 Mayor Domus다. 성당을 책임지는 열두 명의 남성들은 성당 바닥에 뿌려 놓은 짚과 솔가지를 살피고 청결과 질서를 담당한다. 사회적 지위가 높으며 3월 21일, 즉 낮과 밤의 길이가 같은 날에는 공식적으로 자문을 받는다. 이날은 멕시코의 중요한 축일 중 하나다.

대리석 바닥에 있는, 불을 붙인 초를 건드려서는 안 된다는 경고를 숙지하며 성당 안으로 들어갔다. 성당 안은 빛으로 가득했고, 강한 빛줄기가 자욱한 연기를 갈랐다. 무릎을 꿇은 사람들이 각양각색의 초를 줄지어 켜놓았다. 한 줄에 약 50개의 얇고 긴 초가 놓여 있었다. 초들이 너무 가까이 붙어 있어서 시도 때도 없이 화르르 불길이 치솟았고, 심지는 순식간에 타버려서 바닥에 떨어졌다. 일꾼들은 바닥에 떨어진 촛농을 주걱으로 긁어냈고, 한편에서는 다시 불을 붙였다. 사람들은 돌바닥에 촛농을 떨어뜨려 초를 고정시키려고 애를 썼다. 높낮이가 다른 수많은 탁자가 있고, 유리 그릇, 찻잔, 저장용 병, 종교적 색채의 문구가 적힌 유리병에 키 큰 초를 담아 촘촘히 세워두었다. 흰 촛농이 탁자 모서리, 작은 의자, 유리병을 타고 흘러내리고 계속해서 작은 불꽃이 일었다. 성당이 홀랑 타버리지 않은 것이 기적이다. 의자가 하나도 없는 성당 바닥에 마른 솔가지로 길을 만들어놓았다. 솔가지 길에서 한 치라도 벗어나면 바로 야단을 맞는다. 우리의 걸음은 느리고 조심스럽고 조용했다. 나는 마치 헤엄을 치는 것같이 삐걱대며 솔의 길을 걸어갔다. 한

줄의 초가 다 탈 동안 샤먼이 사람들의 머리를 향해 말을 하며 사람들의 손을 잡았다. 그들 바로 앞에는 술병과 탄산음료 병 들이 놓여 있다. 술과 음료 모두 샤먼이 마셨다. 몇 명은 황홀경에 빠진 사람처럼 부였다.

옆쪽의 제단과 유리 상자들에는 옷을 입은 인형이 빼곡하다. 중앙 제단에는 연기와 먼지 자욱한 빛줄기를 뚫고 역시나 옷을 입은 세례자 요한이 자리 잡고 있다. 성상들을 거울 앞에 세워놓아서 두 배로 많아 보였다. 가끔 샤먼이 계란을 손에 들고 병자의 몸을 훑는데, 계란으로 몸에 달라 붙은 나쁜 것을 씻어내기 위한 의식이다. 계란을 깼을 때 검은색이 나오면 의식은 성공한 것이다. 머리만 빼고 검은 비닐봉지로 싸맨 닭이 바닥에 놓여 있었다. 역시나 나쁜 기운을 뽑아내기 위해 병자의 몸 위를 닭으로 훑은 다음 닭의 모가지를 비틀었다. 가톨릭교회가 용인한 제물 의식이다.

새까맣게 변한 지붕에는 많은 구멍이 뚫려 있고, 일정한 간격을 두고 지붕 위 비둘기는 계속 아래로 덤벼들 듯 내려왔다. 기도를 하는 사람들은 비둘기도 관광객도 아랑곳하지 않았다. 성당 일꾼들만 우리가 규칙을 잘 지키는지 살폈다. 아이들이 가끔씩 손을 흔들면 나도 덩달아 미소를 지으며 손짓으로 화답했다.

나는 '탁탁탁'같이 들리는 샤먼의 웅얼거림과 냄새와 빛에 사로잡혀 나도 모르게 합장을 했다. 신자들의 열정이 내게로 옮는 듯했다. 천천히 앞으로 걸어가 제단 앞에 섰고 나도 모르는 눈물이 흘렸다. 그 틈에도 연신 성당 앞 광장에서는 폭죽이 터졌다. 유럽인의 눈으로 보면 그저 부조리하다고밖에 말할 수 없는 상황이지만 막상 이곳에 오니 나도 이들의 문화에 동화될 수밖에 없는 것일까.

최근에 독일 가톨릭교회에서는 가톨릭 신자의 신교 배우자가 성찬식에 참석할 수 있느냐를 두고 치열한 논쟁이 불붙었다. 가톨릭 신부의 독신 서약이나 여성이 사제가 될 수 있는지를 두고도 한차례 논쟁이 있었다. 이 몇 가지 사례만으로도 변화하는 현실을 외면한 채 규율을 고집하는 가톨릭교회의 고루함을 절감할 수 있다. 그러니 이곳에서는 성당 안에서 짐승을 제물로 써도, 샤먼이 술을 마시고 기적을 행해도 허락하거나 적어도 용인하는 현실에 놀라지 않을 수가 없다.

성당에서 불타는 초 곁을 간발의 차이로 지나치던 그 순간을 떠올리면 그때 느꼈던 공포가 지금도 생생하다. 하지만 나는 이들의 예배가 원시적이라고 생각하지 않는다. 오히려 그날을 떠올리면 지금도 그들의 깊은 신앙심, 그들의 열정과 확신에 감동을 느낀다.

차울라성당

새로운 미래를 꿈꾸며
미국으로

현대 지성사의 신호탄, 프랑크푸르트 사회연구소

1934년 나치를 피해 미국으로 망명하기 전까지 프롬의 삶은 대부분 프랑크푸르트를 중심으로 펼쳐졌다. 이곳에서 태어난 프롬은 프랑프푸르트대학을 다니다가 1919년 근처에 있는 하이델베르크 대학에 들어갔다. 1929년에는 프랑크푸르트 사회연구소에 들어가 정신분석학과 사회심리학 연구를 담당했다. 그는 연구소의 첫 연구진 중 하나였고, 연구는 그의 삶의 중심이었다. 그는 현장 노동자와 사무직 노동자의 생활습관, 태도, 정치 행동에 대한 경험 연구를 진행했다. 경제 상황과 정치적 행동력의 상관관계를 밝히려는 목적이었다. 연구소 소장 호르크하이머Max Horkheimer는 한 프로그램 기획서에 이 연구를 '연구소의 보편적 관심사'라고 적었다.

연구의 핵심 사업은 271개 문항으로 이루어진 포괄적인 설문지 조사로, 설문지는 히틀러가 선거에서 승리하기 4년 전인 1929년 노조 간부들을 통해 노동자들에게 뿌려졌다. 모든 문항이 주관식이었

프랑크푸르트

독일의 대문호 괴테가 이 도시에서 태어났기 때문에 괴테의 도시라고도 불린다. 19세기의 마지막 해인 1900년에 이곳에서 프롬이 태어났다. 그에게 시대적 변화의 물결은 피할 수 없는 운명과도 같았다. 프롬은 제1차 세계대전과 나치세 대공황, 바이마르공화국의 몰락 등을 목도하며, 독일 내 유대인으로서의 차별을 몸소 겪었다.

기 때문에 프롬과 동료들이 정해진 기준에 따라 다시 분석을 했다. 분석 방식은 환자의 연상에 접근하는 정신분석 방식과 동일했다. 즉 정신분석의 해석 레퍼토리를 활용하여 응답자의 대답에서 무의식적 동기를 해석했다. 히틀러가 집권하기 직전 노동자들의 **열린** 정치적 태도와 사고가 그들의 **무의식적** 성향과 어떠한 상관관계가 있는지를 밝히고자 했다.

오늘날 이 연구는 현장 노동자와 사무직 노동자의 정치 행동에 관한 최초의 사회심리학적 현장 연구 중 하나로 평가될 뿐만 아니라, 역사적 관심의 대상이기도 하다. 독일 역사에서 가장 중요한 시절의 정치 성향을 탐구한 연구이기 때문이다.[20] 수백만 명의 희생을 가져온 잔혹한 전쟁의 원인을 파악하려고 할 때 프롬의 연구는 전후 독일에서 나온 그 어떤 연구 결과보다도 뛰어나다는 장점이 있다. 전쟁이 끝나고 난 후 사람들에게 왜 나치를 뽑았는지 혹은 왜 그렇게 행동했는지 물으면 앞에서 언급한 구성 과정과 왜곡이 일어난다. 전후 독일은 1960년대 말까지도 자신들이 저지른 죄에 대한 트라우마가 너무 커서 과학적 접근이 거의 불가능할 정도로 모두가 잔혹한 과거사를 외면했다.[21] 그래서 전쟁이 끝나고 난 뒤 나치를 뽑았다고 순순히 인정한 독일인이 거의 없었다. 그러나 히틀러가 정권을 잡기 직전의 연구를 들여다보면, 당시 나치를 뽑았거나 투표를 하지 않음으로써 히틀러의 권력 장악을 방조했던 이들의 진짜 생각을 알 수 있다.

그런데 프랑크푸르트 사회연구소의 주된 연구 분야는 정신분석학이 아니라 마르크스주의였다. 프롬은 1930년대부터 마르크스주

프랑크푸르트 사회연구소

연구소의 역사도 특별하지만 호르크하이머, 마르쿠제, 베냐민, 아도르노 같은 위대한 회원들이 주는 의미도 더없이 귀하다. 모두가 68혁명의 길을 터준 정신적 길잡이들이어, 78 세기 비사회학과 철학에 지대한 영향을 끼친 이들다.

의와 프로이트주의를 결합한 사회심리학을 정립하기 위해 노력했다. 앞에서 언급한 **사회적 성격**이 중심 테마였다. 사회의 구성원들이 공통으로 갖는 그 성격구조 말이다. 그는 당시 구상 중이던 『자유로부터의 도피』에서 처음으로 사회적 성격에 대해 포괄적으로 설명했다. 사회적 성격은 사회경제적 구조에 대한 개인의 역동적 적응과 인간을 통한 사회 변화의 동시적 결과물이다. 따라서 왜 인간이 독재자를 지지하는지를 설명하는 데에도 유익하다.

사회적 성격은 한 인간의 행동을 결정할 뿐만 아니라 그의 성격을 구성하는 고유한 개별 요소들에도 영향을 미친다. 물론 인간에게 이 과정은 컴퓨터가 외부에서 입력되는 모든 것을 수동적으로 시행하는 것처럼 이루어지지는 않는다. 인간은 역사적 발전이 가져온 기본 요소들에 역동적으로 적응한다. 이 말을 나치 정권에 적용해보면, 히틀러가 권력을 장악할 수 있었던 이유는 그의 주장이 어떤 식으로든 인간 본성을 자극했고, 그의 연설을 들었던 청중 개개인이 그가 제안한 이야기들을 자신의 경험에 적극적으로 결합시켰기 때문이다.

이러한 환경과 인격 혹은 성격의 상호작용은 역시나 1920년대에 사회 심리학의 기초를 닦은 독일의 심리학자 레빈Kurt Lewin의 **현장이론**과 너무나도 흡사하다. 프롬과 레빈은 프로이트의 주장처럼 충동만으로는 인간의 행동을 이해할 수 없다고 주장했다. 그러나 환경의 영향이 결정적이지 내면 심리는 중요하지 않다고 주장한 행동주의 역시 단호히 거부했다. 인격과 환경의 역동적 상호작용이 중요하다는 것이다.

프롬의 이론은 연구소의 이데올로기 방향과 완벽하게 일치했다. 그래서 프롬은 물론 다른 연구원들도 노동자계급이 계급투쟁에서 승리해 자본주의에 의해 소외된 세상을 올바른 길로 이끌어줄 것이라고 기대했다. 연구팀은 현장 연구와 관련하여 자신들의 생각을 증명해줄 명확한 가설을 세웠다. 노동자계급에게서 저항 활동의 증거를 발견하리라 기대했던 것이다. 그들은 마르크스 이론을 바탕으로 노동자계급이 그 어떤 계급보다 앞서 파시즘에 대한 투쟁을 선언할 거라고 확신했다. 그 누구도 아닌 그들이 히틀러의 권력 장악을 도울 것이라고는 꿈에도 생각하지 못했다.

평가가 가능한 600개의 설문지를 몇 년에 걸쳐 분석한 결과, 그들의 가설은 지나칠 정도로 낙관적이었음이 밝혀졌다. "정치적으로 성장하는 노동자"라는 이상은 분석 결과와 전혀 맞지 않았다. 무의식적 동기를 분석해보니 응답자들에게서는 오히려 강한 **권위적 성격 구조**가 드러났고, 스스로 좌파라고 떠들고 다니면서 예전에 좌파에게 표를 던졌던 사람들조차 별반 다르지 않았다. 그러니까 무의식은 의식적 행동보다 훨씬 보수적인 성향을 띠었고 심지어 의식적인 좌파 성향과 대립되기도 했다. 프롬은 한 걸음 더 나아가 노동자들이 **사도마조히즘 인격**이어서 자기보다 낮은 사람은 짓밟고 자기보다 높은 사람에게는 굽실거린다고 주장했다. 물론 노동자들은 이런 파시즘 기질을 의식하지 못하지만 그럼에도 불구하고, 아니 그렇기 때문에 오히려 더 그런 기질이 너무나 위험하다고 말이다.

설문지 평가 결과는 모든 희망을 노동자계급에게 걸었던 연구소에 실로 재앙이었다. 그러나 제3자의 입장에서 바라보면 설문지 평

히틀러에게 열광하는 독일 국민들

히틀러는 제1차 세계대전의 패전에 대한 울분을 상기시키고 바이마르공화국의 무능함을 고
발하며 대중의 불안감을 부채질했다. 무능한 정부와 달리 장밋빛 미래를 약속하는 히틀러를
독일인들은 열렬히 환호했고, 대중들의 절대적 지지를 등에 업은 그는 정치적·군사적 독재
체제를 구축했다.

가 결과는 학문의 센세이션이기도 하다. 지금 우리는 히틀러를 추앙하고 그에게 표를 던진 사람들이 노동자와 소시민계급이라는 사실을 잘 안다. 1933년 히틀러가 선거에서 승리하면서 독일 역사에 닝 선부후무한 재앙이 공식적으로 시작된 시기에 실시간으로 진행되었던 연구는 사회과학연구소의 가설이 완전히 틀렸고 히틀러의 전략이 먹혔다는 사실을 가슴 아프지만 적나라하게 보여준다. 투철한 신념으로 똘똘 뭉친 연구소 사람들이 그 도발적인 결과에 얼마나 강한 정서적 반응을 보였을지 충분히 상상이 간다.

1933년 나치가 권력을 장악하고 불과 몇 달 후 연구소는 해체되었다. 먼저 대학의 교원 중 3분의 1이 인종적·정치적 이유로 쫓겨났고, 그중에는 연구소의 전문 분야 대표들도 다수 포함되었다. 3월이 되자 연구소 전체가 문을 닫았고 7월에는 게슈타포가 공산당 재산의 몰수에 관한 법을 근거로 연구소 자산을 압류, 몰수한 뒤 해산시켰다. 1932년에 연구소는 나치가 무슨 짓을 가할지 몰라 스위스 제네바에 지부를 세워놓았는데 1934년 결국 뉴욕으로 이사를 갔다. 프롬은 연구소를 따라 제네바로 건너갔지만 결핵 때문에 휴양지 다보스에서 지낼 때가 많았다. 그러다가 1934년 5월 25일, 그는 다보스를 떠나 미국으로 건너갔다.

이방인의 도시 뉴욕에 도착하다

나와 만프레트는 1996년에서 1998년까지 컬럼비아대학의 주거

다보스

몸이 좋지 않았던 프롬은 대도시를 떠나 휴양지에서 시간을 보내면서 연구를 이어나갔다. 그 중에서도 자연경관이 좋고 기후가 온화하여 최고의 휴양지로 각광받는 스위스의 다보스에서 머무를 때가 많았다.

구역인 119번가의 버틀러스 홀에서 살았다. 당시 나는 독일연구협회의 장학금을 받으면서 국제적으로 유명한 사회심리학자 히긴스Tory Higgins 교수와 함께 연구를 했다. 컬럼비아대학 역시 프롬과 나의 공통점이다. 물론 그것 말고도 공통점은 많지만……. 나는 그 후로도 일 때문에 1년에 서너 번씩 뉴욕에 다녀왔지만, 만프레트는 2003년 이후로 한 번도 간 적이 없다. 우리는 잔뜩 기대에 부풀었다. 나는 이 책을 쓰기 위한 영감을 얻고 싶었고, 만프레트는 그동안 도시가 얼마나 변했는지 궁금해했다.

프랑크푸르트 공항에서 발권을 하고 짐을 부치고 검색대를 통과하면서도 내 관심사는 1934년 배를 타고 뉴욕으로 갔을 프롬에게로 향했다. 단출한 그의 가방 몇 개에는 분명 책이 잔뜩 들어 있었을 것이다. 언제 다시 독일로 돌아갈 수 있을지 모르고, 어쩌면 영영 돌아가지 못할 수도 있는 상황이었으니 고향에 대한 추억은 많이 가져가지 않았을 것이다. 지금과는 다르게 불안한 시대였으니까 말이다.

뉴욕으로 이사 간 연구소는 모닝사이드 하이츠Morningside Heights에 위치한 컬럼비아대학교의 부속기관이 되었다. 프롬도 이 대학의 객원교수가 되어 대학교 근처로 이사를 했고 연구소의 사회심리학 분야를 맡았다. 연구소는 사회학과 철학이 주 종목이었으므로 경험 연구는 모조리 프롬의 손에 떨어졌다.

사실, 프롬이 미국에 간 적이 이때가 처음은 아니었다. 1933년에 오랜 친구 사이였던 호나이가 그를 시카고대학교의 객원 강사로 초빙한 적이 있었다. 이때 프롬은 시카고대학에서 학생들을 가르쳤다. 하지만 얼마 안 가 히틀러가 권력을 장악하면서 미국은 유대인

1926년 무렵의 모닝사이드 하이츠

컬럼비아대학뿐만 아니라 대학 소유의 건물들이 많이 들어서 있어 학구적인 분위기가 물씬 풍기는 지역이다. 하지만 과거에는 우범지대의 대명사였던 할렘과 가깝다는 이유로 사람들이 기피하는 곳 중 하나였다.

맨해튼

이곳에 살던 원주민인 알곤킨들이 부르던, '구릉지'라는 뜻의 '만나 하타'가 변해 '맨해튼'이 되었다. 종종걸음으로 오가는 사람들, 빵빵거리는 자동차, 택시를 부르는 행인들, 눈 깜짝할 사이에 고층건물을 뚝딱 만들어내는 건축 기계들은 맨해튼 어디를 가도 볼 수 있는 풍경이다. 맨해튼에는 누구라도 빠져들 수밖에 없는 특유의 분위기가 있다.

들의 도피처가 되었다. 물론 이때만 하더라도 홀로코스트와 같은 비극이 일어날 것이라고는 그 누구도 상상하지 못했다. 다만 대부분의 유대인 학자들이 독일에서 더는 살 수 없음을, 생명마저 위태롭다는 사실을 직감했을 뿐이다.

마침내 뉴욕에 도착했다. 나는 이 도시에 발을 디딜 때면 과거에 이곳에서 살며 열심히 일했던 순간들이 떠올라 울컥한다. 시내로 들어가기 위해서 지하철역으로 갔다. 우습게도 여행 시작부터 프롬의 유령이 귀에 대고 속삭인다. 환경을 생각하라고, 유연하게 새로운 것도 시험해보라고, 친환경적 결정을 내리라고, 낭비하지 말라고, 겸손하게 처신하라고 경고한다.

우리는 어퍼 웨스트 사이드Upper West Side에 있는 한 호텔을 예약했다. 그런데 다른 곳과 다르게 이곳의 방은 작아도 너무 작은 게 아닌가. 물론 우리가 의도적으로 소박한 장소를 택하기는 했지만 말이다. 나는 몇 년 전부터 프롬의 영향을 받아 사치스러운 생활 방식을 버리고 마음 편한 미니멀 라이프를 실천하고 있다. 작은 집으로 이사했고 차도 없앴으며 여행도 자제했다. 삶의 본질적인 것에 많은 시간을 투자할 수 있었기 때문에 이런 포기조차 사랑했다. 그런데 이런 삶을 선택했다는 것에 약간의 후회가 들 정도로 우리가 묵을 호텔 방은 너무나도 작았다. 양쪽 벽에 붙은 두 개의 침대를 제하면 남은 공간은 폭이 0.5미터 정도 되는 통로가 전부다. 트렁크를 둘 자리도 없어 침대 밑에 밀어 넣었고, 노트북을 올리지도 못할 30센티미터 길이의 코딱지만 한 탁자만 있다.

좁은 방 때문에 스트레스를 느낄세라 우리는 서둘러 밖으로 나와 브로드웨이를 따라 링컨 스퀘어로 내려갔다. 인터넷의 발달로 CD와 책 가게들은 거의 자취를 감추었다. 우리에게는 참 아쉬운 일이다. 그럼에도 어쩌겠는가. 인생은 변화다. 옛 것이 떠난 빈자리에는 새것이 들어섰다. 유럽 스타일의 작은 베이커리가 너무 많아서 깜짝 놀란다. 여기서 매일 오후 커피 한 잔에 케이크 한 조각을 시켜놓고 노트북을 펼치고 사무실을 차려도 될 것 같다. 카페들은 이곳과 잘 어울린다. 작은 유대인 가게들과 프랑스식 이름이 붙은 레스토랑도 유럽 분위기를 더한다.

1920년대 베를린의 카페들이 그랬다. 지식인, 대학생, 교수, 예술가 들이 만나 세상 돌아가는 일을 토론하고 담배를 피우고 커피와 술을 마시고 초콜릿과 케이크를 먹으며 최신 뉴스를 들었다. 이 베를린 세계는 유대인 지식인들이 주를 이루었다. 그중에서 운이 좋은 사람들은 나치의 탄압을 피할 수 있었다. 레빈, 프로이트, 프롬 같은 위대한 심리학자들도 카페를 드나들었고 몇 시간씩 그곳에 앉아 있었다. 당시에는 그것이 학문 생활의 일부였다.

그러나 지금의 뉴욕 카페에는 스마트폰을 들여다보는 스몸비들밖에 없다. 게다가 놀라울 정도로 시끄러운 소음처럼 들리는 음악은 시장심리학자들이 사람들의 소비 욕구를 자극하려는 목적으로 개발한 배경음악들이다. 뭐, 좋다. 나도 매일 오후 이곳에서 이 책을 쓰면서 이들 중 하나가 되어보리라.

세계 어느 나라든 대도시는 끊임없이 변한다. 그러나 뉴욕은 그 규모 면에서 도저히 다른 도시들이 따라잡을 수 없다. 거대한 건물

독일 지식인들의 살롱, 카페 바우어

20세기 초 독일의 카페 바우어는 지식인들이 모이는 교류의 장이자 선진 사상을 전파하는 무
대였다. 성별과 신분에 관계없이 다양한 사람들이 카페에 모여 정치·사회·문화 등에 대해 토
론하거나 일상의 이야기를 공유하는 등 많은 시간을 함께했다.

을 불과 몇 달 만에 뚝딱 완성하여 도시의 풍경을 순식간에 바꾸어 놓는다. 예전에 가보았던 거리도 낯설 뿐이다. 그러니 이곳에서 향수를 느끼기란 어려운 일이다. 그럼에도 한 조각 귀향의 느낌을 불러일으키는 것이 있다. 추억을 깨우는 색깔들이다. 눈부시게 파란 하늘, 빛을 받아 반짝이는 붉은 벽돌, 노란 택시들이 바로 그렇다. 그리고 때로는 중국 식당에서, 때로는 팝콘 노점에서, 때로는 제과점에서 흘러나오는 냄새를 맡고, 아이스크림 트럭의 단조로운 멜로디를 들으며 추억에 잠긴다.

그럼에도 뉴욕은 집이 되지 **않으려고** 사력을 다한다. 그 누구의 고향도 되지 않으려 한다. 늘 똑같은 생각을 하고 똑같은 행동과 말을 하는 사람들을 붙잡아두려는 짓은 이 도시의 성격과 어울리지 않는다. 이곳 사람들은 혁신을 기대한다. 단순한 신상품이 아니라 최신 상품을, 최신 건물과 가장 이국적이고 가장 맛있는 요리를, 누구도 흉내 낼 수 없는 패션과 가장 혁신적인 돈벌이 방법을. 익숙한 것은 바람처럼 흩어진다. 고루하고 조용한 것과 마찬가지로 잘 알법한 것은 뉴욕의 세상이 아니다.

박물관과 센트럴파크 같은 랜드마크들은 그나마 오래 남아 있다. 그러나 그것들마저 적지 않은 변화를 겪는다. 어퍼 이스트 사이드 Upper East Side 5번가의 메트로폴리탄미술관은 2016년 현대미술 작품들을 전시하기 위해 새 미술관을 추가했고, 매디슨 애비뉴의 멧 브로이어는 예전에 휘트니미술관이었던 '시멘트 요새' 건물로 이사를 갔다. 휘트니미술관은 허드슨 강변의 갱스부르 스트리트로 옮겼다. 이런 큰 기관들도 이전하고 바뀌고 혁신된다. 이것이 뉴욕이다.

카우보이를 물리치는 구운 연어

제이바스는 어퍼 웨스트 사이드 80번가에 위치한 유대인 식료품점이다. 이곳에 가면 세계 최고의 훈제 생선과 유럽 초콜릿, 주로 동부 유대인들이 쓰는 식재료들을 살 수 있다. 20년 이상 일한 직원들이 적지 않다(그건 나도 증언할 수 있다). 뉴욕에서는 정말로 보기 드문 일이다. 가게 역시 변한 것이 별로 없다. 20년 전처럼 가게 입구 오른쪽에는 올리브 나무가 서 있고, 생크림을 얹은 초절임 연어, 초절임 청어, 게필테 피시gefilte fish가 냉장고 같은 자리에 놓여 있다. 계산대 옆의 설거지 스펀지도 2층의 생활용품 코너도 그대로다.

유대교 율법에 따른 식료품을 취급하는 제이바스

제이바스에서는 모든 것이 최고의 수준이다. 훈제 연어, 동유럽 빵, 베이글, 막 볶은 커피, 잘 발효된 치즈, 케이크 등 이곳에서 판매되는 모든 것이 최고의 품질이기 때문에 가격 또한 상당히 비싸다. 그럼에도 이곳을 찾는 사람들의 발길이 끊이지 않는 것은 고향의 향수를 느낄 수 있기 때문이다. 이 가게는 불안한 도시를 살아가는 이방인들이 찾는 것을 제공한다. 그것은 바로 고향이다. 고향 중에서도 무탈하고 따뜻한 부분을 서비스한다. 제이바스는 우리가 상상하는 오래된 가게, 증조할머니 때부터 대대로 물려온 가게, 바로 그런 모습이다. 우리 역시 뉴욕의 모든 체류자가 그러하듯 매일 아침을 제이바스에서 먹었다. 한 번도 교체된 적이 없어서 정말로 낡은 키 큰 식탁과 낡은 의자에 앉아 간이식당 분위기에 젖어 두툼한 베이글에 크림치즈를 바르고 세상에서 가장 부드러운 연어를 얹어서 먹었다.

제이바스는 프롬이 미국 땅을 밟은 1934년 우크라이나에서 온 유대인 부부가 문을 열었으므로 그도 이곳을 이용했을 가능성이 있다. 하지만 그 당시에 이곳이 고향을 완벽하게 대신할 수는 없었을 것이다. 그저 순간의 외로움과 불안감을 잠재우지 않았을까? 특히 1934년 가족과 동료들을 그 암울한 독일에 남겨둔 채 난민 신분으로 이곳에 도착했던 프롬에게 아직 난민을 향한 혐오는 없었어도 이방인의 불안을 잠재워줄 수 있는 것은 그리 많지 않았을 것이다. 나치 독일이 무슨 짓을 할지 알 수 없었기에 분명 낙관적이지 않았을 것이다.

유럽인에게 미국은 낯선 곳이다. 여행을 많이 한 지금의 독일인에게도 이 나라는 문화 충격이다. 우리가 보기에 미국은 너무나도 더러운 곳이기 때문이다. 인도에 쓰레기가 쌓여 있고 걸어가다 보면 쥐가 쉭익 하고 지나가며 바퀴벌레가 호텔방을 돌아다닌다. 식당 탁자는 끈적거리고 창문은 밖이 잘 보이지 않을 정도로 너무 더럽다. 미국 사람들에게는 문제 될 게 없는 것 같지만 독일인들에게는 이 모든 것이 말도 안 되는 일이다. 내가 뉴욕에 있을 때 알고 지내던 유대인 친구가 브레멘에 있는 우리 집 나무 바닥을 가리키며 이렇게 말했던 기억이 난다.

"이렇게 틈이 있으면 위험해."

난 그의 말을 이해하지 못했다. "왜?"

"벌레 때문이지. 좀, 바퀴벌레, 빈대 같은 것들이 기어 나오잖아."

나는 고개를 절레절레 흔들며 대답했다. "독일에는 그런 거 없어!"

론은 유대인 특유의 블랙유머로 대답했다.

"너희들이 다 멸족시켰구나."

실제로 우리 집에서는 한 번도 그런 벌레를 본 적이 없다. 대학에 다닐 때 허름한 아파트에 살았어도 벌레는 없었다.

론도 자기 할아버지 이야기를 들려주었다. 그의 할아버지는 1930년대 독일에서 부유하게 살다가 나치의 탄압을 피해 뉴욕으로 건너갔는데, 미국인들의 환대에도 미국 문화를 경시했다고 한다. 독일 음악을 사랑해서 모차르트, 하이든, 바흐, 슈베르트를 즐겨 들었지만 재즈는 경멸했다. 발레는 좋아했지만 라디오 시티 뮤직홀의 쇼댄스는 저속하고 저질이라면서 아주 싫어했다. 미국 음식은 물론이고 식사 예절도 혐오했고 ("짐승처럼 손으로 먹어") 아무렇게나 옷을 걸치고 돌아다니는 사람들을 보면 흥분했다. 그는 미국인들을 구분 없이 카우보이라고 불렀고 그들 사이에서 너무나 괴로워하다가 우울증에 걸려 결국 세상을 떠날 때까지 회복하지 못했다.

고향의 향수를 느끼게 하는 제이바스

뉴욕에서 꿈꾸었을 장밋빛 미래

브로드웨이에서 붉은 고층 건물들을 따라 걷다 보니 토요일 아침인데도 이상하리만치 거리가 한적했다. 센트럴파크가 눈에 들어오기 500미터 전, 오래된 저택들이 보이면서 순식간에 풍경이 바뀌었다. 가까이서 보니 약간 쇠락한 집들이 방치되어 있었다. 저건 나쁜 짓이다. 그 사이로 썰렁한 작은 공원들이 숨어 있다. 황량하지만 계절 탓일지도 모른다.

프롬은 104번가 모퉁이에 있는 센트럴파크 웨스트 444번지에서 살았다. 붉은 벽돌로 지은 넓고 큰 통 모양의 이 건물은 놀랍기만 하다. 호화롭고 인상적인 멋진 건물은 우리가 걸어온 거리의 풍경과 완벽한 대비를 이룬다. 이곳의 외양은 깔끔하고 우아하며 출입구에 차양을 씌워놓았다. 햇빛을 받아 검게 반짝이는 바위가 많은 커다란 언덕의 센트럴파크가 건물 코앞에 있다. 우리는 프롬의 집이 보이는 언덕에 자리를 잡고 앉아 프롬이 살았던 11층을 바라보았다.

이곳으로 이사하기 전까지 프롬은 어퍼 이스트 사이드 66번가에 있는 붉은 벽돌집에 살았다. 3층에 내닫이창이 달렸고 반지하까지 포함해서 5층짜리 건물에는 한 층에 많아야 방이 한두 개밖에 없을 것 같다. 집은 예쁘지만 연구소에서 너무 멀리 떨어져 있다. 센트럴파크를 통과한 다음 할렘 방향으로 50블록을 더 올라가야 한다. 구글 맵으로 확인해보니 도보로 약 한 시간 걸린다고 나온다. 프롬은 걸었을까, 아니면 버스나 전철이나 택시를 타고 다녔을까? 다른 나라 사람들은 모르겠지만, 이 정도의 출퇴근 거리는 유럽인들에게 적

프롬이 살았던 집

프롬이 살았던 센트럴파크 웨스트 444번지는 깔끔하고 우아하며 멋스럽다. 한 번쯤 살아보고 싶은 생각이 절로 드는 집이다. 도어맨들이 출입구를 지키고 있어 그 앞에서 집안 풍경을 상상해볼 뿐이다.

응하기 힘든 일이다.

집을 요모조모 살피다 보니 문득 등에 소름이 돋았다. 한 독일인이 문을 열고 안으로 들어가는 모습이 너무나 선명하게 보이는 게 아닌가. 몸을 뉠 수 있는 곳이 있어 감사하지만 집주인의 선의에 목숨이 달린 신세인 데다 미래는 불안하기 짝이 없어 두려워하는 그의 모습이. 전기 작가 프리드먼의 말에 따르면 프롬은 "생명이 위태로운 상황을 피하기 위해서가 아니라 자발적으로 미국으로 건너갔다." 그러나 그의 말을 곧이곧대로 믿을 수 없다. 프롬이 독일에 더 있을 수 있는 상황이 아니었던 것은 분명하니까 말이다.

미국으로 건너온 후에도 그는 독일에 남아 있는 가족들을 보살폈고, 미국으로 데려오기 위해 힘썼다. 1933년 아버지가 갑작스럽게 세상을 떠난 뒤에도 어머니가 1941년 미국으로 올 때까지 매달 약 175달러라는 거금을 부쳤고, 친척들의 이주를 돕기 위해 많은 돈을 투자했다. 어머니의 입국 허가를 받는 데에만 1,000달러가 들었다고 한다. 당시 그는 연구소에서 5,000~6,000달러의 연봉을 받았고 상담소 운영으로 2,000달러를 벌고 있었다.[22] 지금 돈으로 환산하면 연봉이 12만 5,000달러 정도다.

프롬은 친척들에게도 적지 않은 돈을 보냈는데, 그중에서도 1934년 사상 위반 혐의로 체포되어 1942년 아우슈비츠수용소로 끌려간 큰조카 브란트Heinz Brandt에게 많은 돈을 들였다. 그런데도 프리드먼은 그가 왜 더 많은 돈을 독일에 부치지 않았는지 의아스럽다고 했다. 나는 이런 식의 평가에는 동의하지 않는다. 당시 뉴욕에서 프롬이 얼마나 많은 돈을 필요로 했을지, 그가 독일 상황을 얼마나 정확히

어퍼 이스트 사이드 66번가에 위치한 프롬의 첫 집

프롬은 임시 거주지였던 크로이던에서 나와 어퍼 이스트 사이드 66번가 64번지로 이사한다. 이 집은 조용한 골목에 위치해 있는데 정말로 아름답다. 우람한 큰 건물들 사이에 끼여 빛이 들지 않아 어둡지만 애니메이션에 나오는 집들처럼 우리를 상상의 세계로 초대한다.

CLASSIC CLOUD

내 인생의 거장을 만나는 특별한 여행

클래식 클라우드

arte

런던, 파리, 프라하, 빈, 피렌체, 리스본, 도쿄… 12개국 154개 도시!
우리 시대 대표작가 100인이 내 인생의 거장을 찾아 떠나다.

한 사람을 깊이 여행하는 즐거움, 클래식 클라우드!

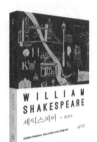

001 셰익스피어 × 황광수

런던에서 아테네까지, 셰익스피어의 450년 자취를 찾아

모든 시대를 위해 존재하는 작가,
인간의 모든 감정을 무대 위에 올린 위대한 스토리텔러,
셰익스피어가 남긴 문학적 유산을 찾아가는 문학기행

002 니체 × 이진우

알프스에서 만난 차라투스트라

죽음의 고통에서 삶의 의미를 읽어낸 니체.
망치를 들고 신을 대면했던 그가 지나간 길,
니체의 사상이 탄생한 알프스에서 '나'의 의미를 찾는 철학기행

003 클림트 × 전원경

빈에서 만난 황금빛 키스의 화가

과거와 현재가 공존하는 모순의 도시 빈과
놀라운 천재성이 만나 이뤄낸 유니크한 혁신.
클림트의 걸작들과 영감의 세계로 떠나는 예술기행

각 권 18,800원

012 피츠제럴드 × 최민석

미국 문학의 꺼지지 않는 '초록 불빛'

미국을 알기 위해 반드시 읽어야 할 작가, 피츠제럴드!
『마지막 거물』을 쓴 할리우드에서부터
『위대한 개츠비』의 배경인 뉴욕까지, 그의 발자취를 좇아가다

013 레이먼드 카버 × 고영범

삶의 세밀화를 그린 아메리칸 체호프

'더러운 리얼리즘'의 대가, 우리 시대의 체호프,
헤밍웨이 이후 가장 영향력 있는 소설가. 20세기 미국
단편소설의 르네상스를 주도한 카버를 찾아가는 문학기행

014 모네 × 허나영

빛과 색으로 완성한 회화의 혁명

미술사의 흐름을 뒤바꾼 인상주의의 기수 모네.
노르망디 해안에서 파리를 거쳐 지베르니까지,
빛으로 가득한 그의 화실을 찾아 떠난 여행

015 에리히 프롬 × 엔스 푀르스터

사랑의 혁명을 꿈꾼 휴머니스트

우리 시대의 고전 『자유로부터의 도피』『사랑의 기술』
『소유냐 존재냐』를 탄생시킨 위대한 사상가 프롬.
'소유'에 초연한 삶을 살다 간
그의 발자취를 따라가는 지적 여정

당신에게도 깊이 알고 싶은 사람이 있나요?

**책에서 여행으로, 여행에서 책으로
한 사람과 그의 세계를 깊이 여행하게 될 때,
우리의 삶은 어떻게 달라질까요?**

'클래식 클라우드'는 아무도 제기하지 않았던 질문에서 출발합니다.
수백 년간 우리 곁에 존재하며 '클래식'으로 남은 세계적 명작들,
누구나 알지만 아무도 제대로 읽지 않는 작품들에 좀 더 쉽게 다가가 지금 여기,
우리의 눈으로 공감하며 체험할 수는 없을까.

'클래식 클라우드'는 명작의 명성보다 '한 사람'에 주목합니다.
위대한 작품 너머 한 인간이 삶을 걸었던 문제를 먼저 생각하고자 합니다.
명작의 가치를 알아보는 일은 한 창작자가 세상을 바라보았던 시각,
언제, 어디에서, 무엇을 위해, 어떻게 살았는지를 배우는 일이기 때문입니다.

'클래식 클라우드'는 100%의 독서를 지향합니다.
우리가 가장 알고 싶어 하는 거장의 삶과 명작이 탄생한 곳으로 떠나는
특별한 여행수업에 믿음직한 안내자가 함께한다면?
작품에 숨겨진 의도와 시대적 맥락까지 이해할 수 있는 완전한 독서!

'클래식 클라우드'는 우리 시대 새로운 거장들을 기다립니다.
누구보다 뛰어났던 거장들의 놀라운 작품들을 만나고,
삶을 뒤바꾼 질문과 모험을 경험하며 시공간을 초월해 오늘 우리의 고민을
다시 바라보게 할 실마리들을 찾아봅니다. 천재들의 영감을 '나의 여행'으로 만나는
시간들이 우리 일상 가까이 작은 거장들의 탄생으로 이어지기를 기대합니다.

판단했으며 친척들의 상황이 나아질 것이라는 희망을 어느 정도 품었을지 과연 누가 알겠는가? 수용소에서 죽은 유대인들의 산더미 같은 시신 사진은 전쟁이 끝난 후에야 공개되었으니 당시에는 상황이 얼마나 심각한지 아무도 몰랐을 것이다. 친척들이 돈을 요구했는지, 어째서 프롬이 수중에 돈을 가지고 있어야겠다는 생각을 하게 되었는지, 그것도 알 길이 없다.

물론 『소유냐 존재냐』의 저자가 자기밖에 모르는 이기주의자라는 사실이 훨씬 독자의 흥미를 끌 것이다. 프롬 역시 장점과 약점이 있는 지극히 평범한 사람이라는 나의 해석보다는 그 편이 사람들에게 훨씬 흥미로울 것이다. 그러나 나는 그런 다의적인 행동의 의미를 하나의 뜻으로 해석하고 확신하는 전기 작가들의 태도가 무척 신기하다. 프롬이 친척들에게 돈을 부쳤고 이기적인 사람이라는 비난을 받을 만한 행동을 한 적이 없음에도 객관성을 가장한 이해하기 힘든 숫자 놀음으로 그 모든 것을 상대화하고 평가 절하한다. 물론 나쁜 의도를 가지고 이런 해석을 내놓은 것은 아닐 것이다. 그보다는 오히려 사회심리학의 일반적인 인식을 재확인시켜준다. 사람들은 확신에 차서 순식간에 평가를 내리고, 기본 값이나 검색 방향이 다르면 같은 정보로도 전혀 다른, 정반대되는 평가가 나오기도 한다는 사실을 전혀 깨닫지 못한다. 그것이 사회심리학의 일반적인 인식이다. 반대로 프롬이 때로는 방탕한 생활을 했고 바람을 피웠으며 동료들에게 항상 친절했던 것은 아니라는 사실을 절대로 알리지 않으려 하는 전기 작가들도 역시나 같은 덫에 걸려든 것이다.

어쨌든 한 가지는 분명한 것 같다. 당시의 프롬은 지금의 관광객과는 다른 눈으로 뉴욕을 바라보았을 것이다. 독일과는 다른 세계였을 테니 이곳에 적응하기 위해서는 실생활과 관련된 문제에 더 관심을 기울였을 것이다. 의자는 어디서 살 것이며, 전화는 어떻게 해야 하는지, 편지를 독일로 부치면 며칠 만에 당도하는지, 좋은 제과점이나 병원은 어디인지 같은 문제가 더 시급했을 것이다. 관광 명소나 명품 가게 같은 것은 부차적이었으니 아예 있는지조차 몰랐을 수도 있다. 우리의 인지 기관은 목표 지향적으로 작업하기 때문에 목표에 도달하기 위한 수단이 될 것들을 우선적으로 바라본다.

나는 프롬이 자기 조절 능력이 뛰어나서 여러 가지 주제에 신속하게 매진할 수 있었을 것이라고 생각한다. 연구소와 집필 중인 책과 친척들과, 그를 괴롭히는 동료들과 환자들을 머리에 담고서 몇 달에 걸쳐 병마와 싸우면서도 그는 모든 일을 헤쳐왔다. 엄청난 자제력과 집중력이 없었다면, 어떻게 전혀 다른 그 많은 일들을 처리할 수 있었겠는가?

나는 그의 집 앞에 한참을 서 있으면서 가슴이 뭉클해지는 것을 느꼈다. 문을 자세히 살피고 창을 기웃거리며 스파이처럼 움직인다. 이곳은 내가 목표로 삼은 이가 살았던 특별한 집이다.

센트럴파크 웨스트 444번지에서 프랑크푸르트 사회연구소가 있던 컬럼비아대학까지는 도보로 오갈 수 있는 거리다. 다람쥐를 구경하며 햇살 환한 공원을 걷다 보니 학교에 당도했다. 연구소가 있던 건물은 예상보다 찾기가 쉽지 않다. 아무리 찾아도 건물 자체가 눈에 띄지 않는다. 연구소가 있던 429번지는 도대체 어디일까? 지도 앱에는 모닝사이드 파크 동쪽의 한 건물이라고 나온다. 거기서 공원 때문에 끊어졌던 길이 이어진다. 하지만 그곳은 전부 300번지로 시작되는 곳들이다. 인터넷에서 그 건물과 다른 여러 건물들을 1960~1970년대 컬럼비아대학교의 대대적인 보수공사 와중에 허물어버렸다는 사실을 알아냈다. 현재 그 장소에는 거대한 인터내셔널 어페어스 빌딩이 우뚝 서 있다.

풍크Rainer Funk가 편찬한 프롬의 사진 전기 『삶에 대한 사랑Erich Fromm Liebe zum Leben: Eine Bildbiografie』에는 연구소의 낡은 흑백사진 한 장이 실려 있다.[23] 내 눈에는 사진 속 건물이 어쩐지 신성하게 느껴진다. 하지만 피난으로 점철된 연구소의 역사를 떠올리면 방공호 같은 느낌도 들어서 살짝 마음이 어두워진다. 유럽이었다면 의미 있는 건물을 함부로 허물지 못했을 것이다. 문화재보호법이 있어 그런 짓을 못하게 막았을 것이다. 이 자리에 서 보니 새삼 그 법의 취지에 공감이 간다. 역사를 간직한 공간은 소중히 할 필요가 있다.

어쨌든 컬럼비아대학은 독일인들을 환영했다. 단순히 궁핍한 난민들에게 거처를 마련해주는 차원이 아니었다. 호르크하이머가 프롬에게 쓴 편지에는 학장이 손수 "공손한 마음으로 미래의 활동을 기대한다."[24]는 내용이 쓰여 있다. 대학은 독일에서 건너온 젊은 야만인들을 기꺼운 마음으로 받아들였으며 이는 지금도 마찬가지다.

여기서는 무엇이든 새로 시작할 수 있으리라는 기분이 든다. 불가능은 없어 보인다. 하늘은 파랗고, 바람이 불어와 머리를 비우며, 사람들은 의욕에 불타고 자신과 자기 일을 엄청나게 중요하게 생각하며 에너지가 넘쳐난다. 발견할 것도 많고 영감도 넘쳐나기에 침울한 생각은 종적을 감춘다.

컬럼비아대학교

『자유로부터의 도피』에도 계속 등장하는 '유지냐, 변화냐?'의 해묵은 심리학 질문도 매번 다시 대답을 해야 한다. 현재 뉴욕의 부동산은 믿을 수 없을 정도로 비싸서, 컬럼비아대학교는 20세기 초에 사들였던 부동산과 토지 자본의 덕을 톡톡히 보고 있다. 그때만 하더라도 상대적으로 역사가 짧은 이 지역의 부동산은 헐값이었다. 그사이 가격이 어마어마하게 치솟은 덕분에 대학은 막대한 자산으로 여러 가지 일을 할 수 있게 되었다. 특히 높은 연봉과 허드슨강이 내려다보이는 리버사이드 드라이버의 호화 주택을 내세워 유명

한 교수들을 스카우트한다. 그러니 뉴욕에 부동산이 많다는 것은 다른 대학교들이 도저히 대적할 수 없는 장점이다.

뉴욕의 많은 직장인이 도심의 비싼 집값 때문에 하루 몇 시간을 출퇴근에 바치고 있다. 아니면 집값이 비싸더라도 비좁은 집에 맞춰 산다. 그런데 협소한 공간은 우리의 심리에도 영향을 미친다. 협소한 공간은 환경이 우리의 심리와 관계에 영향을 미친다는 사회심리학 이론을 가장 명백하게 입증하는 사례들 중 하나다. 내가 아는 대학생들 중에는 심지어 방 빌릴 돈이 없어 침대 하나만 세를 내어 사는 경우도 있다. 예를 들어 오후 3시부터 새벽 3시까지만 2층 침대 아래쪽을 쓸 수 있어서 나머지 시간에는 도서관이나 카페 같은 곳에서 시간을 때운다. 이것은 자유일까, 족쇄일까?

프롬은 이런 자본주의 메커니즘을 축복이자 저주라고 보았다. 원칙적으로는 모두가 각자의 행복을 쌓아갈 수 있고 누구나 능력을 발휘하여 컬럼비아대학의 교수가 될 수 있기에 자유다. 군주제와 계급, 길드가 사라진 지금 누구나 능력만 있으면 대학에 입학할 수 있고 수백만 달러의 연봉을 받는 지위에 오르거나 명예를 누릴 수 있다. 그러나 오랜 세월 이런 자본주의를 경험해본 우리는 그것이 그저 이론에 불과하다는 사실을 잘 안다.

물론 대학의 사립화와 등록금은 자유와 다양한 가능성을 동반한다. 강의와 연구에 얼마나 많은 돈을 투자할지 대학이 알아서 결정할 수 있다. 그래서 수지만 맞으면 뛰어난 자질을 갖춘 대학이 탄생할 수 있다. 나 역시 컬럼비아대학의 우수한 자질 덕을 많이 보았고 2년 동안 교수가 되기 위해 필요한 자질을 거기서 전부 습득했다. 히긴스, 미셸Walter Mischel, 크라우스Bob Kraus, 멧커프Janet Metcalfe, 드웩Carol Dweck 같은 위대한 학자들의 도움으로 실험을 어떻게 하고, 이론을 어떻게 구상하며, 강연과 글쓰기는 어떻게 하는지를 배웠다. 다른 곳이었다면 그렇게 많은 천재들을 한꺼번에 만나기가 쉽지 않았을 것이다. 국가의 지원을 받아 연구 성과에 관계없이 동일한 연봉을 지급하는 독일의 대학에서는 도저히 불가능한 일이다. 따라서 컬럼비아대학은 내게 황금처럼 소중한 곳이다. 나는 독일로 돌아가 사회심리학 교수 중에서는 최연소로 교수가 되었다. 이 같은 성공은 무엇보다 컬럼비아대학 덕이지만 내가 운이 좋았다는 사실도 잊지 않는다.

순응할 것인가,
나아갈 것인가

마르크스에게서 답을 찾다

프롬은 마지막까지 마르크스주의를 외면하지 않았다. 그가 마르크스 이론의 왜곡을 막기 위해서 많은 노력을 기울였기 때문에 그를 마르크스 전문가라고 생각하기 쉽지만 사실 프롬의 저서는 모호한 측면이 적지 않다. 그는 주로 마르크스의 초기작 『경제학·철학초고』에 집중했다. 인간 심리에 관심이 많은 사람들에게는 이 책이 냉철한 후기작들보다 훨씬 쉽다고 느껴지기 때문이다. 프롬의 눈에 비친 마르크스는 가난하고 힘없는 자들의 소외된 노동을 비판하고 그들의 건강을 염려하는 마음 따뜻한 동시대인이었다. 하지만 마르크스와 엥겔스의 순진하고 모호한 망상을 비판하면서도 정작 자신이 꿈꾸는 대안의 국가가 정확히 어떤 모습일지에 대해서는 프롬 역시 말이 없었다. 프롬은 인간의 자아실현을 방해하는 그 어떤 체제도 단호히 반대했다. 그래서 동독과 카스트로의 쿠바를 비판했고 마찬가지로 폭력적인 미국의 자본주의에 대해서도 맹비난을 퍼부었다.

그러니까 그가 생각한 이상 사회의 해결책은 "그 사이에 있는 무언가"였던 것 같다. 어쨌든 그는 구체적인 말을 아꼈다.

그러나 방대한 정치·역사·철학적 지식을 작품에 담아낸 심리학자 하더라도 모든 문제의 해결책을 내놓을 수는 없는 법이다. 그러니 프롬이 해결책을 내놓지 못했다고 해서 그를 비난할 수는 없다는 말이다. 심리학자가 할 일은 인간의 행복을 돕거나 방해하는 요소를 사람들에게 알리고 인간 행동의 원인을 밝히는 것이다. 세상을 구하는 방안, 경제를 살릴 수 있는 구체적이고 현실적인 방안은 심리학자가 해결할 수 있는 문제가 아니다. 구체적 실천 방안은 제시하지 못했지만 그럼에도 프롬이 그 숙제를 열심히 풀었다는 느낌이 든다.

프롬은 심리 현상과 사회현상에는 부정적인 면과 긍정적인 면이 있다고 말했다. 따라서 마르크스주의자들의 생각과 달리 자본주의에도 장점은 있어서, 자본주의는 위계질서가 정해진 굳은 사회구조로부터의 해방을 허락한다. 하지만 이런 자유는 불안을 조장한다. 프롬의 저서에서 자주 발견되는 이런 변증법은 현대 사회심리학, 특히 시스템이론에서도 찾아볼 수 있다. 20세기 사회심리학은 '어떻게 하면 공격성과 갈등과 욕심을 막을 수 있을까?'라는 식의 질문을 던지지만 최근에는 '그런 행동 방식이나 현상이 무엇에, 혹은 누구에게 이로운가?'라고 묻는다. 행동의 이유를 알면 더 효과적으로 변화를 꾀할 수 있다는 논리다. 어떤 아이가 낮아진 자존감을 보상받고 싶어서 공격적인 행동을 한다면 나는 아이의 자존감을 높여서 바람직하지 못한 공격적 행동을 멈추게 할 수 있다. 이런 '무엇에,

마르크스

프롬은 마르크스의 사상이라고 하면 무조건 찬양하거나 덮어놓고 혐오하는 태도를 어리석다고 생각했다. 그는 마르크스 이론에서 취할 것은 취하고 시대착오적인 생각은 버렸다. 특히 마르크스가 이론화한 노동으로부터의 소외 개념을 더욱 확장했다. 프롬은 마르크스 사상의 중심에는 항상 사람이 있다고 생각하여, 그를 휴머니스트라고 평가했다.

누구에게 이로운가?' 식의 질문은 현상을 이해하는 데에도 도움이 될 뿐만 아니라 치료에도 매우 유익하다. 시스템이론에서는 이 질문이 핵심이며, 내 생각에는 그 덕분에 시스템 치료가 많은 곳에서 행동 치료와 정신분석을 대체하며 성공 가도를 달리는 것 같다. 구성주의와 내적 가족 시스템에 초점을 두는 방식과 더불어 이런 기능성이 시스템 치료의 성공 요인인 것이다.

아무도 기능성을 따지지 않던 시대에 프롬은 변증법적 사고방식을 통해 기능성에 대한 고민을 심리학 연구로 끌어들였다. 정신분석의 뿌리를 잊은 적은 없지만 뿌리가 절대 뽑히지 않을 만큼 단단히 묻힌 것은 아니었기에 지금 프롬이 살아 있었다면 시스템이론가가 되었을 것이다. 물론 이것 역시 추측이자 구성에 불과하지만 말이다.

기능주의functionalism*는 선과 악의 판단이 상대적이며 때로는 아예 판단을 포기를 해야 한다는 의미이기도 하다. 열네 살 청소년이 사이가 좋지 않은 부모의 이혼을 막기 위해 부모의 관심사를 자신에게로 돌리려고 거짓말을 한다면 그것은 착한 짓인가, 나쁜 짓인가? 아이들이 시스템을 온전히 유지하기 위해 장애를 이용하는 경우는 많고, 따라서 도덕적 평가는 불필요하다.

---

* 구성심리학에 대응되는 심리학으로, 의식의 구성 내용보다도 의식의 기능을 연구 대상으로 한다. 유기체와 환경과의 관계를 중시하며, 의식의 기능이 곧 환경에 대한 적응이라고 본다. —옮긴이

자료 조작 스캔들

프롬은 뉴욕에서 잘 지낸 것 같다. 지식인 살롱과 독서 클럽에 출입했고 사람들을 자기 집에 초대하기도 했다. 1940년에 미국 시민권을 얻었지만 그의 주변에는 유럽인 친구들이 많았다. 나치를 피해 이 도시로 도망쳐온 유럽인들이 우글거릴 때였으니까 말이다. 그는 영어를 배우고 미국 사회에 동화되기 위해 많은 시간을 투자했다. 1939년에 영어로 첫 논문을 발표할 정도로 영어를 빨리 익혔다. 『사랑의 기술』을 비롯하여 많은 저서가 영어로 먼저 쓰였고 후에 독일어로 번역되었다. 게다가 1941년에 출간된 『자유로부터의 도피』로 프롬은 세계적인 명성을 얻었다.

그러나 이런 성공 신화를 모두가 고운 시선으로 바라봤던 것은 아니었다. 연구소에서도 심리학을 '미국화'한다는 비난을 많이 받았다. 게다가 프로이트 이론에 대한 연구소의 일반적인 견해와 다른 주장을 펴는 미국의 심리학자들과 자주 어울렸기 때문에, 동료들은 그를 곱지 않은 시선으로 바라보았다.

한편, 프롬은 『자유로부터의 도피』에서 정신분석을 기틀로 삼아 인간에게는 무의식적 성향이 있지만 그것을 인정하거나 시인하지 않으려 한다고 주장했다. 그리고 문제 많은 심리 상태로 마조히즘과 사디즘의 성향을 결합한 **권위적 성격**을 꼽았다.

인간을 이기적 존재로 본 프로이트와 달리 프롬은 인간을 자신이 몸담은 환경을 기반으로 악인으로 성장할 수도, 선인으로 성장할 수도 있는 사회적 존재라고 생각했다. 지금 우리 눈에는 프롬의 사

『자유로부터의 도피』 초판본 표지

자유를 갈망했던 독일인들이 왜 힘겹게 얻은 자유를 버리고, 공화국을 붕괴시키고, 나치스를
지지하며 복종을 선택했는지를 분석해놓은 책이다.

상도 프로이트의 고전적 분석도 거기서 거기인 것 같지만 당시에는 엄청난 차이였다. 사회를 인간의 사고와 감정과 행동의 요인으로 삼아 정신분석 이론에 포함시키려는 노력은 프로이트의 기본 가정을 포기하는 것과 마찬가지였기 때문이다. 한마디로 프로이트는 인간을 충동의 산물로 이해했다. 따라서 인간이 겪는 문제는 주로 터부시되는 충동을 개인적으로 억압하기 때문에 발생한다고 보았다. 그런데 사회적 힘의 막대한 영향력을 인정할 경우 이론의 기본 가정이 흔들린다. 프롬은 시간이 갈수록 점점 더 프로이트로부터 멀어졌다.

연구소는 전통적인 정신분석을 지키려 했기 때문에 호르크하이머와 프롬의 관심사는 점점 멀어졌고 자주 격렬한 논쟁을 벌였다. 이런 상황에서 아도르노Theodor W. Adorno가 뉴욕으로 건너왔다. 애당초 프롬을 좋아하지 않았던 그는 호르크하이머에게 막대한 영향력을 행사했다. 학술적이어야 할 토론장에서는 인신공격이 흐르거나 비열한 말이 오갔다. 아도르노는 프롬을 "직업 유대인"이라고 비아냥거렸다. 그가 하시디즘의 뿌리를 완전히 뽑아버리지 않으려 하고 자신을 "감상적이고 부적절하게 직접적"이라고 공격했기 때문이다. 프롬은 아도르노를 "확신도 없고 할 말도 없는 주제에 말만 번지르르한 허풍선이"[25]라고 비난했다.

당시 연구소의 재정난도 이들의 사이를 멀어지게 만들었다. 회사가 아픈 직원을 재정적으로 지원을 하는 걸 당연하다고 여기지 않고 아량이 넓다고 생각하던 시절이었다. 호르크하이머는 상당히 오랜 시간 프롬에게 그런 아량을 베풀었다. 결핵을 앓던 프롬이 보다 쾌적한 환경에서 살 수 있도록 혹은 요양에 도움이 되기를 바라며 크

프랑크푸르트학파 1세대인 호르크하이머(왼쪽)와 아도르노

미국 체류 당시 두 사람은 여러 연구 성과를 책으로 내놓았는데, 그중 나치즘을 야기한 서양
문명과 서구 중심의 이성을 역사철학적 관점에서 비판한 『계몽의 변증법』은 사회학을 연구
하는 학자들 사이에서는 바이블로 여겨진다.

루즈 여행 등을 지원해주었다. 그러나 이를 더는 받아들일 수 없었던 연구소 사무장은 1938년 프롬에게 급여를 포기해달라고 부탁했지만 이를 거절한다. 결국 논의를 거쳐 평생 고용 계약을 해지하고 20,000달러를 받는 것으로 합의를 본다.

몇 년에 걸친 갈등으로 공동의 기반을 잃은 데다, 호르크하이머가 현장 노동자와 사무직 노동자에 관한 프롬의 공들인 연구 결과를 출간하지 않으려 해서 프롬은 화가 나 있는 상태였다. 호르크하이머가 연구 결과를 출간하지 않으려 한 것도 연구소와 작별을 고하게 된 여러 가지 이유 중 하나였다.

1938년에 프롬은 파시즘에 관한 짧은 논문을 한 편 더 발표했지만, 본스Wolfgang Bonß의 선별을 거쳐 『제3제국 전야의 노동자와 사무직 노동자Arbeiter und Angestellteam Vorabend des Dritten Reiches』라는 제목으로 설문 조사의 온전한 결과가 출간된 것은 1980년이 되어서였다. 물론 1941년에 나온 베스트셀러 『자유로부터의 도피』에도 경험 연구를 기틀로 삼은 당시의 연구 결과가 상당히 많이 흘러들어가기는 했다.

한편, 전기 작가들을 포함한 프롬의 숭배자들이 입에 올리기 꺼려하는 자료 조작 스캔들 역시 우리의 흥미를 끈다. 프롬이 설문지 일부를 폐기하여 연구 결과를 조작했다는 이야기 말이다. 호르크하이머는 1934년에 유럽의 연구소 사무실을 정리하다 보니 엄청난 양의 설문지가 사라졌더라고 주장했다. 그 숫자가 어느 정도인지는 알 수 없지만, 프롬을 옹호하는 전기 작가들은 600장이라고 주장하는 반면, 프롬에게 비판적인 인사들은 1,100장이라고 주장한다.[26] 그러나 학계에서 자료를 폐기하여 조작하는 것은 원죄다. 학생이나 직원에 대한 폭행, 연구비 횡령과 함께 교수직에서 쫓겨날 수 있는 사유가 되기도 한다. 게다가 조작 혐의는 명예의 실추 말고도 어마어마한 실존적 문제를 가져온다. 바깥세상이 어떻게 돌아가든 책에만 코를 박고 살았던 학자가 무엇을 할 수 있으며 무슨 수로 돈을 벌겠는가?

물론 자료 조작을 하는 일이 빈번히 일어난다는 사실도 언급해야겠다. 학술 연구 결과를 위조하기란 식은 죽 먹기다. 설문지를 한두 번 살짝 손보면 발표가 가능한 결과를 만들어낼 수 있다. 연구 결과를 발표할 수 있으려면 통계적으로 '유의미한' 결과를 제공해야 한다. 다시 말해 오류 가능성이 5퍼센트 이내인 명백한 결과를 내놓아야 한다. 그런데 때로 오류 가능성이 7퍼센트일 때가 발생하면 1~2퍼센트 정도 손을 봐서 5퍼센트에 맞추고 싶은 유혹이 강렬해진다. 마음에 들지 않은 설문지를 폐기하는 것도 한 가지 방법인데, 호르크하이머 역시 연구소의 가설에 맞지 않은 결과가 나온 것이 그런 조작 때문이라고 추측했던 것이다.

인간은 위기를 도전으로 구성할 수 있고 건강한 자존감으로 개인의 강점을 키워 외부의 공격을 방어할 수 있다. 프롬도 왕따나 집단 괴롭힘 같은 공격은 피해자보다는 가해자와 더 관련이 있다는 사실을 알았다. 타인을 괴롭히는 사람들 중에는 스스로가 끔찍한 폭력을 경험한 경우가 적지 않다. 그래서 괜히 애꿎은 사람에게 분풀이를 하는 것이고 사람을 대하는 다른 방법을 배운 적이 없기 때문에 상대를 괴롭히는 것이다. 폭력은 폭력을 낳는다. 풀지 못한 문제로 인해 어쩔 수 없이 타인을 괴롭히는 가해자가 되기도 한다. 그러니 그런 사람이 되지 않은 것만으로 충분히 기뻐할 수 있다. 이유도 없이 다른 사람에게 못되게 굴 필요가 없다면 행복한 사람이다.

다행히 프롬은 외부 세계와의 관계를 잘 유지했기 때문에 큰 어려움을 겪지 않았다. 애당초 인간관계 대부분이 상아탑 바깥에 있었다. 그는 뉴욕의 문학가들과 자주 어울렸고 호나이, 미드, 설리번 Harry S. Sullivan같이 돈과 권력이 상당한 친구들도 적지 않았다. 덕분에 베닝턴칼리지나 뉴스쿨포소셜리서치New School for Social Research 같은 기관의 객원교수 자리를 얻을 수 있었다. 또한 프롬은 뉴욕에 심리상담소를 운영하고 있었기 때문에 경제적 어려움은 없었다. 특히 상담소는 경제적 안정은 물론 사상의 독립도 가져다주었다.

사회심리학자 린빌Patricia Linville은 1986년 **자기복잡성self-complexity** [27] 이라는 인성 요소를 발견했는데, 특히 위기에 처했을 때 큰 도움이 된다고 한다. 이 말은 다양한 관심과 자질을 키우라는 뜻과 크게 다르지 않다. 한 분야에서 완벽하지 못하더라도 얼마든지 다른 분야에서 성공을 꿈꿀 수 있다. 프롬은 평생 동안 다양한 분야에 관심을 쏟았고 반복되는 질병의 공격에도 매사 적극적으로 대처했기 때문에 위기가 닥쳐도 울적한 기분에 빠져 질척대지 않았다. 글쓰기도 그에게 큰 기쁨을 안겨준 활동이었다. 운이 좋게도 첫 책이 베스트셀러에 오른 덕분에 그는 오랜 투병에도 생활에 큰 지장을 겪지 않았으며 심지어 독일에 있는 친척들을 도와줄 수도 있었다.

루터와 칼뱅은 히틀러의 선구자일까

20년 전 『자유로부터의 도피』를 처음 펼치던 순간이 기억난다. 히틀러의 권력 장악을 심리학자들은 어떻게 설명하는지 꼭 알고 싶었고 프롬이 그 해답을 들려줄 것이라 기대했다. 그러나 무척 실망했던 기억도 난다. 그가 내 인내심을 무지하게 시험했기 때문이다. 6장에 나치 이야기가 나오기까지 그는 주구장창 루터Martin Luther와 칼뱅Jean Calvin 이야기만 늘어놓았다. 16세기에 가톨릭교회를 비판하고 대중을 동원하여 유럽 종교개혁에 불을 붙였던 그 두 사람 말이다. 그들을 바라보는 프롬의 입장은 비판적이었고 당시 나는 그의 방식이 마음에 들지 않았다.

루터는 애정이 없는 환경에서 엄격한 교육을 받고 자랐기 때문에 권위에 대해 매우 이중적인 태도를 취했다. 권위에 저항하면서도 권위를 경탄했다. 신을 향한 그의 사랑은 일종의 마조히즘적 복종이었다. 스스로 무력하고 타락했다고 믿었던 그가 결국 은혜로운 신에게 복종하고 만 것이다. 인간의 행복과 구원을 인간의 손에 맡기고 인간이 근본적으로 선을 바라고 사랑할 능력이 있다고 믿는 가톨릭교회와 달리 루터는 인간을 타락하고 무가치한 존재로 바라보았다. "굴종하고 의지와 교만을 완전히 버릴 때에만 신의 은총이 내려온다."(『자유로부터의 도피』) 신을 향한 믿음은 타고나는 것이기에 결국 인간은 구원을 받기 위해 적극적이 될 수 없다. 프롬은 이처럼 신에 복종해야 하는 의무를 히틀러가 국민들에게 요구한 복종과 연관시켰다. **"루터의 믿음은 완벽하게 복종해야만 사랑받는다는 확신**

루터(왼쪽)와 칼뱅

프롬은 『자유로부터의 도피』에 종교개혁 시대와 나치 시대의 공통점을 분석해놓았다. 히틀러가 루터와 칼뱅처럼 사회 변혁기를 이용해 사람들의 감정을 부추겼다고 보았다. 특히 루터가 권위적 성격 구조를 자신의 이데올로기에 담았으며 이것이 다시 독일 파시즘의 자양분이 되었다고 생각했다.

이었다. 개인은 완벽하게 국가와 '지도자'에게 복종해야 한다는 원칙과 공통점이 많은 해결책이었다."(『자유로부터의 도피』)

그러나 나는 이처럼 세계사를 주름잡은 유명인의 전기적 분석을 현대사회 전체의 태도를 설명하는 모델로 삼는 것은 문제가 있다고 생각한다. 실제로 변화와 영향은 항상 **시스템**이 주도하는 것이며 그 안에서 개인이 맡은 역할은 매우 적다. 따지고 보면 개인의 성공은 대부분 다른 사람들이 그에게 협력을 했느냐 안 했느냐, 그들이 그를 긍정적으로 평가했느냐 부정적으로 평가했느냐에 달려 있다. 예를 들면 많은 사람들이 히틀러를 화가로 인정받지 못한 사실을 받아들일 수 없었던 병든 나르시시스트로 분석한다. 이러한 동기 구조가 그를 파시스트로 잘못 인도했다고 말이다.[28] 이러한 해석은 어느 정도 납득할 수 있다. 너무나도 단순한 해석 모델임에도 (나는 성공하지 못했어도 극우파가 되지 않은 화가를 몇 사람 알고 있다.) 히틀러가 왜 공격적으로 변해서 타인들에게 혹은 유대인들에게 상징적인 복수를 하고자 했는지 그 이유를 일부나마 설명할 수 있을 테니 말이다. 그러나 이런 식의 해석은 제2차 세계대전의 발발과 제3제국*에서 벌어진 홀로코스트 같은 대량 살상의 원인에 대해서는 충분한 답변이 되지 못한다. 왜 독일인들이 히틀러를 뽑았는지에 대해서도 답을 하지 못할 것이다. 개인에게 초점을 맞추다 보면 주변 환경을 소

---

* 962년 오토1세가 로마 교황으로부터 대관을 받은 때부터 1806년 프란츠 2세가 나폴레옹에게 패하여 제위에서 물러날 때까지 존속했던 신성로마제국을 제1제국, 1871년부터 1918년까지 비스마르크에 의해 탄생한 통일된 독일제국을 제2제국, 나치의 지배 체제에 놓여 있었던 시대를 제3제국이라고 부른다. ―옮긴이

홀히 하게 되고, 그것은 결국 결정적으로 내러티브를 왜곡한다.

　더구나 다른 방법론적 문제도 추가된다. 한참 시간이 지난 후 타인이 작성한 진단서는 아무래도 문제가 있기 때문이다. 앞에서 언급했다시피 몇몇 전기는 뒤늦게 우연히 손에 넣은 적은 양의 정보를 바탕으로 한 인물에게 매우 의뭉스러운 방식으로 나르시시즘, 인격 장애, 심지어 정신분열 같은 진단을 내린다. 학자의 입장에서 볼 때 이런 식의 해석은 비전문적이다. 심리 진단을 내리려면 설문지 같은 검사 도구가 필요하고 당사자와 대화를 나누고 그의 행동을 관찰한 감정인이 필요하다. 나아가 시스템 심리 치료의 경우 진단 자체를 거부한다. 우울증이나 정신분열, 나르시시즘 같은 장애가 아예 존재하지 않는다고 본다. 그런 진단이 선입견처럼 작용하여 환자를 온전한 개인으로 보지 못하게 방해하기 때문이다. 우울증이 있다는 환자를 만나면 그의 부정적인 면과 장애에만 초점을 맞추게 된다.

　그러니까 몇백 년 전에 활동했던 종교개혁가들의 경우 타인의 진단이 불가능하다. 어떤 사람들은 프로테스탄트들이 히틀러의 손을 들어주었기 때문에 이들의 정신적 뿌리가 되는 루터와 칼뱅의 사상을 분석하면 그들의 행동 원인을 모두 밝혀낼 수 있을 것이라고 기대할지 모른다. 그러나 '히틀러의 성공과 프로테스탄티즘의 상관관계'를 규명하기 위해서는 프로테스탄트들이 처해 있던 시대적 상황도 면밀히 살펴보아야 한다. 다시 말해 그들이 히틀러에게 표를 던진 까닭은 루터와 칼뱅의 사상이 권위적 성격을 띠고 있어서가 아니라, 당시 그들의 여러 가지 이해관계가 얽혀 있었기 때문이다. 마지막으로 권위적 성격이 낮은 사상이라고 해서 반드시 권위적인 것은 아니다. 예를 들어 루터의 경우, 모든 사람이 성경을 읽을 수 있게 독일어로 번역하자는 생각이나 면벌부를 폐지하자는 생각은 결코 권위적이지 않았다.

그러나 나는 다시 한번 프롬의 책을 읽으면서 그가 이러한 방법론을 택한 이유를 깨달았다. 프롬에게는 역사적 사건들이 인간의 **사회적 성격**을 탄생시킨 원천이었던 것이다. 실제로 많은 사회학자들이 우리의 행동을 기존 사회구조의 산물이자 먼 과거 역사의 결과물로 설명한다. 역사적 사건이 우리의 유전자에 새겨진다는 것이다. 게다가 정신분석은 개인의 인격 발달 과정을 매우 집요하게 파고든다. 사실 따지고 보면 프로이트가 성공을 거둔 이유도 상담소 내담자들과 유명 인사들의 전기를 그들의 개인적 발달 과정에 근거하여 극도로 흥미진진한 방식으로 기록했기 때문이다. 프롬은 이러한 프로이트의 방식을 모방했다. 프로이트식 접근 방식에 대한 현대의 비판을 당시 그는 예상하지 못했을 것이다. 나 역시 현대 사회심리학자로서 전기의 오락적 가치는 인정하지만 전기적 분석은 될수 있는 대로 피하고 싶다.

역사가 우리의 존재에 영향을 미친다는 사실은 굳이 부연 설명을 할 필요가 없다. 제2차 세계대전은 독일인을 매우 겸손하고 신중한 국민으로 만들었다. 그 사건 이후 독일인들은 권위를 의심하고 기존의 규칙과 규범에 의혹의 시선을 던진다. 특히 지식인과 깨인 사람들은 조상의 실수를 되풀이하지 않기 위해 절대 선동에 말려들지 않으려 노력한다. 유럽과 북미[29]의 젊은이들이 분노하여 부모 세대에 저항했고 평화운동이 탄생했던 1960년대도 아마 제2차 세계대전이 없었다면 이해하기 힘들 것이다. 그러나 자주 듣는 (약 2000년 전에 살았던) 게르만족의 잔혹함이 현대 독일인의 유전자에 여전히 남아 있다는 주장에는 고개를 갸웃거릴 수밖에 없다. 어쨌든 매사를 역사 탓으로 돌리는 식의 설명은 독일인과 관련이 없는 일에서도 문제가 많다. 스웨덴인들의 핏속에 바이킹족의 폭력성이 흐르고 있다고는 믿지 않으며, 우리와 더불어 사는 고대 로마인의 후손들이 카이사르나 네로의 거만하고 광적인 기질을 물려받았다고도 생각하지 않는다. 그런 영향을 믿기에는 우리는 그들과 너무 먼 시간적 거리에 있다.

현대의 사회인지이론은 생각과 기억의 과정을 앞세운다. 우리에게 영향을 주는 것은 **특정 상황**에서 우리가 생각하는 것, 요샛말로 지금 모니터에 뜬 것이다. 하드웨어(기억)에 저장된 것만이 우리에게 영향을 줄 수 있지만 저장되었다고 해서 모든 것이 동시에 영향을 미치는 것이 아니라 지금 열린 데이터(모니터에 뜬 것)만이 영향을 준다. 그러므로 '우리가 외국에 가서 거만하게 굴면 사람들은 나치의 후손은 어쩔 수 없다고 생각할 거야'라는 생각은 우리의 행동에 영향을 미친다. 혹은 부모님께 외국에 가면 조심해야 하고 외국 문화를 긍정적으로 평가해야 한다고 배웠다면 그것 역시 외국에 가서 부모님을 떠올릴 때 ('부모님' 데이터를 열었을 때) 우리의 행동을 좌우할 수 있다. 이러한 생각과 그에 따른 행동은 살면서 배워 기억에 저장한 것이고, 지금 이곳의 우리에게 중요하다. 하지만 예전에만 중요했거나 유전자를 통해 전달되었을 생각은 현재의 우리 의견에 별 영향을 미치지 못한다. 또 내가 든 예는 우리에게 그럴 힘이 있다면 역사가 가르친 행동과 정반대의 행동을 할 수 있다는 사실도 알려준다. 지금의 독일인들은 제2차 세계대전 때의 독일인들과 다르게 행동한다. 우리는 늘 조상들의 실수를 반복하지 않으려 조심하고 나치의 스테레오타입에 맞는 행동을 하지 않으려고 애쓴다. 물론 이것도 역사의 영향이라고 해석할 수 있겠지만 이것은 과거의 답습이 아닌 반면교사일 것이다.

어쨌든 『자유로부터의 도피』를 읽고 종교개혁가들의 성격 특성이 20세기 초 독일인들에게 직접 이행되어 제3제국으로 가는 길을 닦았다고 생각할 수도 있을 것이다. 그러나 보통의 독일인이라면 루터에 대해 구체적 이미지를 그릴 수 없다. 학교에서 그의 교리를 배우기는 했어도 루터라는 인물에 대해서는 배운 것이 없기 때문이다. 그리고 앞에서 말했듯이 기억 어딘가에 저장되지 않은 것은 아무런 영향도 미칠 수 없는 법이다.

종교개혁과 나치의 공통점

프롬은 히틀러가 루터와 칼뱅처럼 사회 변혁기를 이용해 사람들의 감정을 부추겼으며 당면 과제의 해결 방안을 함께 제시했다고 주장한다. 프롬이 생각하는 종교개혁 시대와 나치 시대의 또 한 가지 공통점은 칼뱅이 주장한 **예정론**이다. 칼뱅은 인간이 선하거나 악하게 태어나고, 선택된 자에 속해야만 구원을 받을 수 있다고 주장한다. 그러니까 칼뱅 역시 나치처럼 인간의 불평등을 전제조건으로 삼아 애당초 가치 있는 사람과 가치 없는 사람이 나누어진다고 생각한 것이다. 나아가 칼뱅주의는 이런 예정에도 불구하고 인간은 항상 적극적이어야 하고 항상 움직여야 한다고 강조한다. 그렇게 한다고 해서 운명이 달라지는 것은 아니지만, 자신이 어느 쪽에 포함되는지를 알지 못해서 생기는 참기 힘든 불확실성은 비록 무의미할망정 활동을 해야만 극복될 수 있기 때문이다. "이런 의미에서 활동은 강제적 성격을 띤다. 당사자는 의심과 무기력감을 이기기 위해 무슨 일이든 매진해야 한다."(『자유로부터의 도피』) 즉 프롬은 칼뱅주의의 직업윤리를 신학 체계의 논리적 결과가 아니라 순전히 심리적인 극복 전략으로 보았다.

칼뱅은 분주함을 선택된 쪽에 **속할 수 있는** 증거라고 평가했다. 그러나 분주히 움직여서 얻을 수 있는 것은 의미의 상실이다. 훗날 **마르크스가 소외된 노동**이라 비판했던 바로 그것이다. 근면, 성실, 책임을 불러온 이런 프로테스탄트 직업윤리가 큰 번영을 낳았고 산업시대의 성공을 보장한 튼튼한 기틀이었던 것은 틀림없지만 그것으로 인해 노동의 원래 의미가 사라진 것 또한 사실이다. 자발적으로 "창조적 목표"를 추구하는 노동의 본래 의미는 프로테스탄트 직업윤리로 인해 사라지고 말았다. 따라서 프롬은 칼뱅을 "역사의 지도자들 중 가장 심한 혐오자"(『자유로부터의 도피』)라고 불렀다. 신을 아무 이유도 없이 저주와 낙원을 배분하는 독단적 권력으로 만들어버렸다고 말이다. 프롬은 바로 이런 자신과 타인을 향한 적대감 때문에 칼뱅을 비난한 것이다(루터도 마찬가지다).

프롬의 분석은 잘 읽히고, 많은 현상을 누구나 이해할 수 있게 설명하며, 다른 사회학 모델과도 겹친다. 베버Max Weber의 **프로테스탄트 직업윤리** 이론도 그중 하나다. 프로테스탄티즘에서는 대표적으로 직업이 의무 이행이므로 재미를 느껴서는 안 된다고 주장한다. 베버 역시 프롬과 마찬가지로 이런 정신 자세의 탄생을 16세기에 강성해진 자본주의에서 찾는다. "오늘날 누구나 알지만 사실 당연하다고 생각하지는 않는 이 '직업 의무' 사상은 자본주의 문화의 '사회윤리'가 갖는 특징이다. 직업 의무는 각 개인이 자기 '직업' 활동의 내용에 대해 느껴야 마땅하고 또 느끼는 의무다. 이것은 그 직업 활동이 무엇이든, 특히 객관적으로 느끼기에 그 활동이 순전히 자신의 노동력을 사용하는 것이든 아니면 자신이 가진 재화(자본)를 사용하는 것이든 상관없이 존재하는 의무다." (…) "생각을 집중하는 능력은 물론이고 노동에 대해 의무감을 느낄 수 있는 매우 중요한 능력 역시도 여기서는 수입과 그 수입의 높낮이를 계산하는 엄격한 경제성 그리고 능력을 무한대로 끌어올리는 냉철한 자제 및 절제력과 결합되는 경우가 많다. 노동 자체를 목적으로, 자본주의에서 요구하는 '직업'으로 바라보는 이런 입장이 번성할 수 있는 가장 비옥한 토양이 이곳(자본주의 사회)인 것이다."[30]

청교도 윤리신학자 백스터Richard Baxter는 노동을 기도 같은 의례 행위보다도 앞세웠다. "신이 우리와 우리의 활동력을 만든 것은 행위 때문이다. 노동은 도덕이자 권력의 자연 목적이다. '난 (일 안 하고) 기도하고 명상할 거야'라는 말은 하인이 힘든 일은 거부하고 쉽고 적은 일만 하겠다는 것과 다르지 않다."[31] 직장에서의 성공은 신

베버

해박한 지식과 분석력으로 사회학·역사학 등에 뛰어난 업적을 남겼으며, 사회과학의 방법론을 제창했다. 베버는『프로테스탄티즘의 윤리와 자본주의 정신』에서 근면한 삶을 강조한 프로테스탄트 직업윤리가 자본주의 발달의 가장 중요한 요소였다고 분석했고, 프롬은 그와 같은 윤리 역시 자유가 만들어낸 불안으로부터 강박적으로 도피하려는 심리라고 해석했다.

의 사랑을 보여주는 증거라는 칼뱅의 이론은 그런 논리의 당연한 귀결점일 것이다. 또 설사 성공한다고 하더라도 자랑해서는 안 되며 겸허하게 감사할 줄 알아야 한다. 교만한 자는 오래가지 못하고, 내가 잘나서 자아실현을 이루었다는 생각은 금세 오만으로 빠질 수 있는 어리석은 착각이다. 어떤 일이든 열심히 하고 신에게 충심을 다하면 그것으로 충분하다. 나는 이런 프로테스탄트 직업윤리가 지금도 독일에서 큰 영향력을 행사한다고 생각한다.

물론 그사이 프로테스탄트 교회들도 발전을 거듭했고, 독일 교회들도 훨씬 개방적이고 현대적으로 변했다. 그래서 물질주의에 반대하고 사회 참여에도 적극적이며 여성 목사의 숫자도 늘어나고 교구위원회의 권리도 늘어나고 있다. 신교 목사는 결혼을 할 수 있는데, 동성혼도 가능하고 이혼을 해도 해고 사유가 되지 않는다. 프롬이 비판한 교회는 많은 성직자들이 (낮은 자존감 때문에) 권력을 남용하고 매우 물질주의적이었던 1930~1950년대의 교회였을 것이다. 내가 보기에 그런 바람직하지 못하거나 비윤리적 행동은 기독교의 교리 탓이 아니라 그 당시의 문제 많은 성직자들이 성서 해석을 잘못했기 때문이다. 실제로 요즘 독일의 신교 교회는 가톨릭교회보다 훨씬 개방적이고 덜 위계적이다.

그럼에도 프로테스탄트 시민계급 진영이 특히 히틀러를 많이 뽑았다는 프롬의 주장은 옳다. 내가 보기에 그 이유는 대안이 될 주요 정당들이 전통적으로 가톨릭 유권자들의 지지를 받았기 때문이다.[32] 그러니까 프로테스탄트와 가톨릭의 투표 성향이 달랐던 이유는 프로테스탄티즘으로 인해 망가진 성격이라기보다는 가톨릭 유권자

층의 충성심이었던 것이다.

물론 프롬도 후기 작품에서는 가톨릭교회에 대해서 비판했다. 다만 가톨릭교의 특정 시기, 즉 14세기에 에크하르트Meister Eckhart를 중심으로 한 신비주의에는 존경을 표했다. 에크하르트가 추구한 사상은 모든 창조물과 달리 신이 창조한 것은 아니지만 신성하고 거친 "영혼의 밑바탕"이다. 영혼의 밑바탕에는 항상 신성이 직접 자리하며 인간은 자신의 가장 깊은 내면을 탐색할 때 그 신성에 참여할 수 있다. 자기 존재의 핵심을 탐구하면 신을 경험하고 볼 수 있다는 에크하르트의 사상에 프롬은 큰 매력을 느꼈다. 정신분석학자로서는 우리를 다시 미성숙한 아이로 만들어버리는 아버지의 형상이 아니라 표상 없는 힘으로 신을 설명한 점에 공감했다. 프롬은 그 덕분에 에크하르트가 권위적이거나 위계적인 권력-무력 관계 없이도 영적인 것에 다가갈 수 있었다고 생각했다. 그는 가톨릭의 이런 흐름이 선불교와 매우 유사하다고 생각했고 오늘날의 서양 종교에서 이를 찾을 수 없는 것을 매우 안타까워했다.

그러나 특정 교부들에 대한 비판만 보고 프롬 분석의 핵심을 놓쳐서는 안 될 것이다. 프롬은 사회적 성격의 콘셉트를 설명하고 인간에게 영향을 미치는 것이 인격 하나뿐이라는 생각을 반박하려 노력했다. 특정 문화권에서 사는 인간에게는 사회적 성향이 막대한 영향력을 행사하기 때문이다. 실제로 파시즘이 성공할 수 있었던 주요 원인은 시민들의 욕망과 히틀러의 성공을 불러온 감정들이 꼭 들어맞았기 때문이다. 프롬이 현장 연구를 통해 밝혀낸 노동자계급의 권위적 성격은 히틀러의 민족관과 부합했다. 짓밟혔다고 생각되

독일 신비주의의 창시자 에크하르트

그는 주술이나 미신이 아닌 이성을 바탕으로 실재하는 세상을 바라보았으며, 자신을 비워야만 비로소 신과의 합일을 이룰 수 있다고 주장했다. 말년에는 이단으로 몰려 재판에 회부되어 유죄 선고를 받고 억울함을 호소했으나 누명을 벗지 못한 채 세상을 떠났다.

면 자기도 짓밟을 것이고, 심리적 불안에 떨지 않기 위해서는 굽실거림도 마다하지 않는 그런 민족 말이다.

공포를 조장하는 것은 쉬운 일이다. 지금도 많은 선동가들이 가난해질 수 있다는 공포를 조장하여 유권자들을 현혹한다. 지금 유럽을 시끄럽게 하는 난민 문제도 마찬가지다. 물론 히틀러에게는 자기 '민족'의 우세한 감정을 부추기는 탁월한 재주가 있었다. 나아가 독일 민족이 비기독교인과 비아리안(인종주의에 물든 이 개념은 아직 논의를 마친 명확한 개념이 아니기 때문에 항상 정확하게 써야 한다)과 달리 선민이라는 사실을 전달함으로써 해결책까지 제시했다. 히틀러는 자신이 아끼는 소시민계급과의 유사성을 전략적으로 강조하여 인기를 누렸다. 예를 들면 자신과 독일 민족을 '빈털터리[33], 수백 년 동안 이웃 나라와 공산주의자, 유대인, 볼셰비키들에게 착취와 기만과 배신을 당한 민족'이라 불렀다. 이런 식의 표현으로 공평한 세상이 되려면 다른 사람들을 제거하는 것이 합당한 것처럼 보이게 만든 것이다. 억압당한 지배 인종이 마침내 얻어 마땅한 것을 얻는 세상, 그들이 패권을 장악한 그런 세상 말이다.

자유와 불안의 세계에 던져진 이방인

프롬이 거듭 강조한 역사적 측면은 종교개혁 시대에 일어난 중세 봉건 체제에서 자본주의로의 이행이다. 프롬은 중세 유럽을 규제가 심한 안정된 세계로 설명했다. 당연히 자유는 많지 않았다. 길드의 규칙은 누가 길드에 들어갈 수 있는지, 어떤 제품을 생산하고 얼마를 받아야 하는지를 정확히 정해두었다. 신분 상승의 기회는 거의 없었고 소속된 사회집단을 버리고 다른 집단으로 들어갈 방법도 거의 없었다. 그러다가 등장한 자유무역과 경쟁은 자유를 선사하여 누구나 운을 시험해볼 수 있었고 운이 좋으면 타인을 매수하여 명성을 얻거나 높은 신분과 재산을 거머쥘 수 있었다.

하지만 자유에는 대가가 따르는 법이다. 단단하던 인간관계가 갑자기 느슨해지거나 아예 해체되었다. 친구가 갑자기 잠재적 경쟁자가 되고 질투와 시기가 샘솟았으며, 관계는 적대적이 되고 인간은 소외되었다. 자유는 고독을 의미했다. 인간은 혼자 남아 사방에서 위협을 받았다. 더구나 세상은, 조금 더 구체적으로 활동 반경은 거래가 늘어나면서 무한대로 커져서 더 이상 통제가 불가능해졌다. 안전이 흔들리고 규칙과 규범과 법이 상대화되어 프롬의 말대로 삶의 의미마저 사라져버렸다. 갑자기 "초인간적 힘, 자본과 시장에 협박당하는" 느낌에 빠진 것이다. 무력감이 생겨난다. 더 이상 내가 어떻게 할 수 없다는 기분이 생겨난다. 프롬은 이것을 "쓸모없는 인간이 된 것 같은" 기분이라고 불렀다. 인간은 "영원히 낙원을 잃었다. 개인은 혼자 사회와 맞선다. 위험한 무한의 세계에 내던져진 이방인. 새로운 자유는 그의 마음에 불안과 무기력, 의심과 고독, 두려움 같은 심오한 감정을 일깨웠다."(『자유로부터의 도피』)

앞서 이야기한 것처럼, 첫 베스트셀러인 『자유로부터의 도피』는 프롬이 뉴욕에 있을 때 탄생한 작품이다. 이 책에서 그는 많은 사람들이 얼마나 선택의 자유와 변화를 불안해하는지 설명했다.

인류는 어떻게 수천 년이 넘는 긴 세월 동안 절대 빠져나올 수 없는 카스트와 계급과 강제적인 관계를 유지할 수 있었을까? 중세시대 독일에서는 제빵사의 아들로 태어나면 평생 빵을 구워야 했고 백작의 아들은 절대 하녀와 결혼할 수 없었다. 이와 같이 엄격한 사회질서를 도저히 이해할 수 없는 역사의 실수라고 볼 수도 있을 것이다. 하지만 프롬은 그런 유연하지 못한 굳은 구조가 인간에게 안정감을 선사하여 완벽한 선택의 자유를 불가능하게 만든다고 주장했다. 대장장이로 태어나 평생 대장장이로 살 것이라는 사실을 안다면, 신이 나를 사랑할지 안 할지를 안다면, 평생 빵 가격이 변치 않을 것이고 똑같은 레시피로 구울 것이라는 사실을 안다면, 현대인은 야망과 충족감 대신 권태와 소외감을 느낄 것이다. 그러나 다른 경우의 수를 모르는 사람에게는 자기 틀 안에서 벌어지는 모든 것이 통제가 가능하고 안정감을 준다. 자신이 어디 소속이며 무엇을 하고 말지를 아는 것이다. 모든 것을 스스로 결정해야 하고 자신의 행복을 자기가 책임져야 하는 갑작스러운 자유는 그에게 오히려 혼란만 일으킬 것이다.

프롬은 현대사회를 사는 우리는 자유롭게 결정을 내릴 수 있을 뿐 아니라 그럴 수밖에 없다고 주장한다. 결정의 자유는 역사의 진보지만, 자유롭게 자아를 실현할 수 있을 때에만 자신을 찾을 수 있고 결국 행복할 수 있기 때문이다. 이론적으로만 보면 오늘날 우리모두는 (오스트리아에서 태어나서 미국 주지사가 된 아놀드 슈왈제네거처럼) 미국 주지사가 될 수 있다. 경쟁사를 모조리 무찌른 빵 제국을 건설할 수도 있고, 반대로 마음의 평화를 위해 모든 야망을 접을 수도 있다. 자아실현을 적극적으로 막을 사제도, 길드 규칙도, 대지주의 법도 없다. 어쨌든 대부분의 세상에서는 그렇다. 그러나 자유에는 대가가 따른다. 자유는 우리가 아직 경험하지 못한 새로운 것, 낯선 것을 감추고 있고, 진짜 위험은 아니라 하더라도 실패의 부담을 안고 있다. 새로운 것은 불안을 조장한다. 우리는 수많은 자유로운 결정과 변화로 인해 가족과 또래 집단, 친구들로부터 멀어질 수 있다. 그들 역시 지금의 우리를 더 좋아할 것이다. 그들도 우리를 변치 않고 익숙한 행동 방식을 유지하는 불변의 인격으로 상상한다.

얼마 전 내 동료가 1년 동안 세계 일주를 하겠다고 이야기했다. 그는 홀로 세계 곳곳을 돌아다니며 자신을 찾고 싶다고 했다. 그러나 그 시간 동안 가족도 못 볼 것이고 회사에서 승진을 할 수 있는 기회도 놓칠 것이다. 그것은 자유다. 위대한 도전이고 위대한 기회다. 그 모든 것이 오늘날에는 가능하다. 그러나 그 역시 돌아오면 어떻게 될지 걱정할 것이다. 돌아오면 그는 더 이상 같은 사람이 아닐 것이다. 관계가 위태로워질까? 오히려 더 풍성해질까? 지금처럼 직장에서 성공을 거둘 수 있을까? 오늘날에도 새로운 것은 위험부담을 안고 있다.

소속감이 선사하는 사회적 자존감

1960년대 폴란드 출신의 사회심리학자 타이펠Henri Tajfel은 일상의 차별을 설명하기 위해 인간은 소집단에 머물고 싶어 한다는 가설을 세웠다.[34] 이 가설은 인간이 사회집단과의 결합에 큰 의미를 둔다는 프롬의 주장과도 일치한다. 중세시대에는 계급이 있어서 원하지 않아도 자동적으로 자기 집단에 소속되었지만 현대인은 쉼 없이 소속될 집단을 찾아야 한다. 그사이 사회심리학자들은 **소속 욕구** need to belong를 식욕, 수면욕, 성욕과 마찬가지로 기본욕구 중 하나로 보게 되었다. 우리 모두에게는 많든 적든 소속 욕구가 있기 때문에 그 욕구가 채워지지 않으면 심리 시스템이 긴장하여 병이 드는 것이다.

또 타이펠은 집단에 소속되는 것이 자존감을 선사하는데, 이 **사회적 자존감**은 개인의 자존감과 별개로 작동할 수 있다고 주장했다. 예를 들어 개인의 자존감은 자신의 성과에서 나오기 때문에 경쟁에서 이겼거나 좋은 직장을 구했을 때 생기지만, 사회적 자존감은 집단 구성원의 성공을 통해 생겨나므로 집단이 성공을 거두면 내 자존감도 따라 높아진다. 그런데 이 자존감은 **다른 집단과 비교하여** 자기 집단이 더 잘된 경우에도 올라간다. 이 가설을 입증하기 위해 타이펠은 **최소 집단** minimal-group 실험을 실시했다. 소소한 임의적 특징을 인위적으로 만들어내서 그것을 근거로 집단을 형성했다. 실험 참가자들에게 점이 많이 찍힌 그림을 보여주고 점의 개수를 세라고 했다. 그러나 시간이 너무 빠듯하기 때문에 참가자들은 어림짐작을 할 수밖에 없다. 이 짐작을 근거로 참가자 절반에게는 숫자가 과하다고 알려주고 나머지 절반에게는 너무 적다고 알려주었다. 이때 두 집단을 나눈 근거는 순전히 우연이다. 그러니까 참가자들이 어림짐작한 점의 개수에 관계없이 연구팀이 마음대로 집단을 나눈 것이다. 보통

인간이 집단으로부터 자신의 정체성을 규정한다고 주장한 타이펠

타이펠은 인간이 자기가 소속된 집단과 다른 집단 간의 차이를 만들어내는 데 관심을 기울인다고 주장했다. 프롬과 달리 그는 집단 간의 갈등이 장애나 병리학적 결과나 미친 사람의 행동이 아니라 우리 모두에게 가능한 일이라고 이야기한다. 집단이 형성되는 순간, 인간은 자기 집단을 지키고 다른 집단과 맞서 싸운다는 것이다.

의 참가자들은 자신의 어림짐작이 어느 정도 정확한지 알 수 없기 때문에 연구팀이 알려준 결과를 그대로 믿고 따를 수밖에 없다. 그러고 나서 이들에게 다른 참가자들을 잘 살펴보고 상을 줄 사람을 고르라고 했다. 선택에 대한 비밀을 보장하며 다른 참가자들과의 접촉도 없을 것이라는 약속도 잊지 않았다.

세계 곳곳에서 수차례 이와 비슷한 실험을 실시한 결과, 많다는 통보를 받은 사람은 역시 같은 통보를 받은 참가자에게 상을 주고, 적다는 통보를 받는 사람은 역시 같은 통보를 받은 사람에게 상을 주었다. 이 말은 실험 참가자들이 자동적으로 남의 집단보다는 자기 집단에게 상을 더 많이 준다는 뜻이다. 설사 집단 형성의 유일한 근거가 마음대로 지어낸 것이라 하더라도 말이다.

타이펠의 실험은 사전에 아무 일이 없었고, 집단 구성원이 서로를 알지 못하고 심지어 얼굴 한 번 본 적 없어도 자의적인 집단 형성이 자기 집단에 대한 선호를 낳는다는 사실을 보여주었다. 자신에게는 아무 득이 없어도, 자신이 상을 받는 것도 아니고 칭찬 한마디 듣지 못하더라도 이런 현상이 벌어진다는 사실이 참으로 놀랍다. "우리가 그들보다 더 낫기를 바란다"가 이를 반영한 슬로건이다. 집단 형성의 이유가 무엇이든, 프로테스탄트든 가톨릭이든 유대인이든, 점을 많이 센 사람이든 상관없다. 굳이 인종주의자나 파시스트가 아니어도 된다. 우리에게는 그런 태도를 종용하는 생물학적 유전자가 있는 것 같다.

타이펠은 인간이 항상 자기 집단과 남의 집단을 나누고 자기 집단과의 동일시를 통해 자존감을 길러낸다고 추측했다. 그 자존감의 일부는 (더 나쁜) 남의 집단과 (더 좋은) 자기 집단의 비교에서 나온다. 예를 들어 우리가 독일인이면 교황이 독일 출신이었거나 2014년 월드컵에서 독일 대표 팀이 우승했다는 사실에서 자존감을 길러낸다. 이런 간접적인 신분 상승은 우리 자신을 긍정적으로 바라보게 하고 집단으로서의 우리 능력을 신뢰하게 만들며 분위기를 띄워준다. 다른 사람의 성공이 비춘 햇볕 아래에서 해바라기만 하고 있어도 우리는 마냥 행복해질 수 있는 것이다. 정말 간단하고 에너지 소비도 적은 효과적인 방법이 아닐 수 없다.

또 타이펠은 인간이 자기 집단과 남의 집단의 차이를 만들어내는 데 열심이라고 주장했다. 심지어 집단의 절대적 이익보다 **사회적 차별성**social distinctness을 더 중요시하는 것 같다고 보았다. 그는 이 가설을 입증하기 위해 실험 참가자들에게 두 가지 보상 방법 중 하나를 선택하게 했다. 자기 집단에 11점을 주고 다른 집단에 7점을 주는 보상과 양쪽 집단 각각에게 17점을 주는 보상 중 하나를 고르라고 했다. 합리적으로 생각하면 양쪽이 17점을 모두 가지는 것이 가장 바람직할 것이다. 그것이 가장 경제적인 방법이기 때문이다. 그러나 결과는 그렇지 않았다. 17점을 가져가는 것이 자기 집단에게도 득이 될 테지만 대부분의 참가자들은 11 대 7의 분배를 택했다. 타이펠은 이것을 **긍정적 차별성**positive distinctness이라고 불렀다. 이는 자기 집단이 다른 집단보다 우월하다고 느끼고 싶다는 의미와 다르지 않다. 실험이 보여준 것처럼 설사 대가를 치르더라도 말이다. 사회적 정체성을 규정할 때는 경제성보다 심리학 법칙이 더 강력한 힘을 발휘하는 것이다. 이 결과를 보면 집단 간 갈등을 설명하는 데에는 정신분석도 역사적 고찰도 별 도움이 안 되는 것 같다. 그 갈등이 무리동물이었던 우리의 유전자에서 생겨나는 것 같으니 말이다.

권위적 성격의 콘셉트

타이펠의 이론이 아무리 매끈하고 도발적이라고 하더라도, 정말로 집단을 나누기만 해도 증오가 솟구쳐 오를까? 자존감은 정신건강의 기틀이기에 (집단) 자존감이 높아지면 건강에도 유익하다는 인식에는 이론의 여지가 없다. 독일의 심리학자 무멘다이Amélie Mummendey와 오텐Sabine Otten이 입증한 것처럼[35] 굳이 공격성을 보이지 않아도 상대에 비해 우월감만 느껴도 자존감은 절로 높아진다. 두 학자는 앞서 설명한 실험을 보상 대신 처벌로 바꾸어 실시했다. 실험 참가자들에게 불쾌한 에어건을 몇 번이나 쓸지 결정하라고 한 것이다. 실험 내용을 살짝 바꾸었을 뿐인데 차별은 일어나지 않았다. 즉 실험 참가자들은 자기 집단이 아니더라도 고통을 더 많이 주려고 하지 않았다. 자존감을 높이기 위해 반드시 다른 집단을 나쁘게 대할 필요는 없다는 의미다. 그저 자기 집단을 높이 평가하기만 해도 기분이 좋아지는 것이다.

두 학자는 집단의 차이가 공격적 태도로 이어지기 위해서는 **가중요소**가 추가되어야 한다고 주장했다. 개인에게 미치는 집단의 의미와 소속감을 높이는 영향들이 가중되어야 한다고 말이다. 예를 들어 **작은 집단**의 구성원은 같은 성공을 거두어도 큰 집단의 구성원보다 소속감과 자부심을 더 많이 느낀다고 한다. 인구수가 약 4만 명밖에 안 되는 작은 나라 모나코가 월드컵에서 이긴다면 인구수가 약 2억 명을 상회하는 브라질이 이겼을 때보나 훨씬 더 큰 기쁨을 느낀다고 말이다. **열등한 집단**의 구성원, 그러니까 실패를 자주 겪거나 다른 다수 집단에게 종속된 사람들은 자기 집단이 성공했을 때 더 많은 이득을 본다. 그래서 자존감 상승에 더 높은 관심을 보이고, 공격적 태도를 옹호하는 성향도 더 크다.

마지막으로 **경쟁**과 **자원 갈등** 역시 다른 집단에게 보복을 하겠다는 마음을 부추길 수 있다. 예를 들어 회사에서 팀 성적에 따라 보너스를 나누어줄 경우 자동적으로 차별의 기틀이 마련된다. 두 팀이 한정된 자원을 두고 경쟁해야 하기 때문이다.*

성격과 장애(권위적 인격, 사도마조히즘적 성격)를 들먹이지 않는 타이펠의 이론은 사회심리학의 최신 연구 동향이며 대부분의 사회심리학자들에게 잘 먹힌다. 그럼에도 그의 최소 집단 이론은 프롬의 분석과 마찬가지로 제2차 세계대전 비극의 원인을 설명하지 못한다. 물론 이 모든 이론에는 한 톨의 진실이 담겨 있을 것이다. 인간의 행동은 매우 복잡한 연구 대상이기에 절대 한 가지 모델만으로는 설명할 수 없기 때문이다. 만일 그런 모델이 있다고 한다면 그건 지어낸 것이 분명하다. 우리 심리학자들은 (아직) 그런 모델을 발견하지 못했다. 그럼에도 인격 특징으로서의 권위적 성격은 현대 심

---

* 물론 이것이 비도덕적 행동을 옹호하는 핑곗거리가 되어서는 안 된다. 그저 그런 행동의 이유를 설명할 뿐이고 현대 사회심리학 이론을 소개하는 차원이다.

리학에서 여전히 유효한 콘셉트다.

학자라고 해서 불쾌한 집단 갈등을 피할 수 있는 것은 아니다. 소집단이 형성되고 무엇보다 경쟁이 치열해지면서 결국 프롬은 1938년에 연구소를 떠났다. 그 결과 아이러니하게도 프롬이 일군 위대한 업적 중 하나인 **권위적 성격**의 관찰과 정의는 그의 적수였던 아도르노의 공이 되고 말았다. 이 콘셉트에 프롬이 기여했다고 인정된 것은 나중의 일이었다.[36] 학계에서는 모델의 뼈대는 프롬이, 세부적인 내용은 아도르노와 그의 팀이 일군 성과라고 결론을 내렸다. 그러나 나는 다 차려놓은 밥상에 아도르노가 숟가락만 얹었다고 생각한다.

권위적 성격의 인격 특징은 이미 프롬의 초기 파시즘 설명 모델에서도 중요한 역할을 한다. 프롬은 앞서 말한 설문지 조사에서 이미 그 인격 특징을 조사했다. 설문지 평가를 완전히 권위적 성격의 콘셉트에 맞춰 진행했던 것이다. 프롬에 따르면 권위적 성격의 특징은 집단과 다르게 생각하는 사람이나 다원주의 세계를 참지 못하는 **정신적 획일주의**다. 그러니까 권위적 성격에는 타이펠이 말한 집단 간 차별성을 훨씬 뛰어넘는 명확하고 공격적인 핵심이 있다. 이런 성격의 사람들은 **권위자에 대한 복종**과 파괴의 욕망도 강하며 **자기 추앙**과 **자기 비하**를 빠른 속도로 오간다. 또 전체적으로 **권력과 강함 대 무력과 약함**의 차원을 지향하고 전통적인 것을 고집한다. 따라서 시스템을 유지하려는 경향이 높고 미신적이고 전형적인 것을 고수한다. 또한 창의적인 것, 약한 것, 예민한 것, 예술적인 것은 일절 거부하며 낯선 사람과 관습, 혁신은 물론 지적 도발까지 완벽히 외

집단적 광기에 휩싸였던 1930~1940년대의 독일
당시 독일인들은 모조리 사도마조히스트라도 되어버린 것일까? 그들의 맹목과 광기는 역사
상 전무후무한 결과를 가져왔다. 그들의 어리석은 선택으로 제2차 세계대전 이후 독일인에게
는 전쟁을 동조하고 방치했다는 '전범자'의 낙인이 찍히게 된다.

면한다. 권위적 성격은 시류에 편승하며, 파시즘이나 파괴성을 기르는 옥토다.

앞에서도 말했듯 이런 성격을 띠는 진짜 이유는 프로이드가 말한 충동 때문이 아니라 자유로움에 잘 대처하지 못하기 때문이다. 한마디로 자유에 대한 불안 때문이다. 현대사회에서 가족과 직장의 느슨해진 결속력, 그에 따라 증가하는 개인의 책임은 많은 사람에게 과도한 부담으로 작용한다. 따라서 사람들은 안전의 욕망을 채우기 위해 기존 규범과 권위에 매달리게 된다. 비록 그것이 지금 여기와 맞지 않을지라도 말이다. 나는 이런 행동을 **전통주의**라고 부르고 싶다. 전통주의자들은 인정받은 것만 안전하다고 생각하기에 도전이나 변화를 극심한 위험으로 받아들인다. 물론 전통주의 그 자체가 틀렸다거나 부정적이라는 식의 흑백논리는 옳지 않다. 따지고 보면 인간은 경험을 통해 배우며, 어떤 행동과 시스템과 사고방식이 성공을 거두었는데도 굳이 불확실한 새로운 것에 계속 도전하는 짓은 과도한 낭비일 것이다.

모더니스트들의 문제는 전통주의자들이 왜 그렇게 혁신의 위험을 과도하게 평가하는지 이해를 하지 못한다는 데 있다. 그래서 전통주의자들이 기존의 것의 효과를 들먹이면 반박할 말이 없어진다. 반대로 전통주의자들의 문제는 환경과 상황은 계속해서 변하는데 과거에 효과가 입증되었다는 **이유만으로** 기존의 것을 계속 만물의 척도로 삼는다는 데 있다. 전통주의의 안경을 끼고는 욕구와 목표의 역동적 변화를 읽어내지 못한다. 따라서 과거의 행동 방식이 언제 어디서나 옳은 인간의 본성이라고 주장할 것이며, 역사적 역동성, 즉 과거에는 아주 잘 맞았지만 지금은 별로 도움이 안 되는 현상이 있다는 사실을 부인할 것이다. 그 결과 쉬지 않고 변하는 환경에 행동을 맞추는 유연성이 한 번 성공한 행동을 모든 것에 적용하는 고집불통보다 인간 종에게 훨씬 유익하다는 심리학의 연구 결과에도 고개를 돌리는 셈이 된다.

시대의 광기에 대한 외침

우리 시대의 혐오

청명한 가을의 하루다. 선글라스를 끼지 않고는 사진을 찍기 힘들 정도로 햇빛이 눈부시다. 늦은 오후 만프레트와 제이바스를 찾았다. 커피가 너무 맛있기도 하지만 뉴욕 특유의 다채로움을 느낄 수 있는 곳이기 때문이다. 창밖으로는 구멍 난 바지나 모피를 입은 사람들, 유치원 교사와 나란히 걷는 정장 차림의 회사원, 스카치테이프가 더덕더덕 붙은 옛날 라디오를 보물처럼 손에 든 노숙자가 보인다. 카페 안을 둘러보니 어떤 사람에게서는 술 냄새가 살짝 풍기고, 학교를 파하고 들른 학생들은 아이스크림을 사고, 할머니는 옆의 할아버지에게 카페 스피커에서 흘러나오는 노랫소리를 설명해주며, 또 다른 무리는 이곳에서 주문을 하려면 어떻게 해야 하는지 묻는다. 나는 이런 가지각색의 얼굴과 태도를 사랑한다. 저마다의 얼굴에 담긴 이야기들을 찾아내는 것이 좋다.

그러다 순간 나와 만프레트는 어떻게 한 인종, 한 국적, 한 가지

다양한 인종이 사는 1900년경 뉴욕의 모습

'인종의 용광로'는 다양한 인종, 국적, 문화를 가진 사람들이 공동체를 이루어 살아가는 미국 사회를 상징하는 단어다. 서로가 다름을 인정하고 존중하는 다양성이 지금의 미국을 만들었다.

피부색만이 쓸모 있다는 생각을 할 수 있는지 도저히 이해되지 않는다는 이야기를 했다. 어떻게 다른 인종들보다 더 많은 것을 누려 마땅한 우월한 '인종'이 있을 수 있으며, 어떻게 그 인종만 남기고 다른 인종을 싹 쓸어버리자는 생각을 할 수 있는지 말이다. 나아가 우리가 다른 인종보다 더 우수하다는 이유만으로 어떻게 우리를 그렇게 전쟁으로 몰아넣을 수 있었을까? 하고 생각해보았다.

무엇보다도 우리는 소위 그 우수한 인종이 하필이면 독일인이어야 할 이유를 찾지 못했다. 그 까닭은 첫째, 우리가 지금도 제2차 세계대전에 대한 죄책감이나 수치심을 느끼기 때문일 것이다. 당시 우리 부모들이 너무 어려 철이 없었고 우리 조부모는 전혀 가담하지 않았거나 심지어 저항을 했다고 하더라도 달라지는 것은 없다. 이 집단적 수치심은 수십 년이 지났음에도 여전하고, 젊은 세대라고 해서 다를 것이 없다.

둘째는, 우리가 우리의 민주주의에 대체로 만족하기 때문이다. 우리는 안전하고 자유로운 나라에서 살고 상당한 복지를 누리며 자아실현을 할 수 있다. 그런 혜택이 우리만의 것이어야 한다는 요구는 소수집단의 생각일 뿐이다. 그런데 최근 들어 이런 소수집단이 등장했고 심지어 세력을 늘리고 있다. 2017년 독일 대안당이 독일 의회에 입성했다. 누가 봐도 우익 정당이며 실제로 당 대표들이 심심치 않게 국수적·인종주의적 발언을 던지고 있다. 난민이 경제와 안전과 도덕을 위협할 것이기에 숫자를 제한해야 한다면서 말이다. 인종주의적으로 생각하는 사람들만이 파시스트인 것은 아니다. 내가 보기에는 자신의 국적이나 인종을 근거로 자신이 남들보다 훨씬 우월하다고 생각하여 남들을 공격하거나 일종의 '영적 혁명'[37]을 일으키려는 사람들도 파시스트다. 물론 그렇게 생각할지도 모르는 사람들이 프랑스나 네덜란드 같은 다른 유럽의 국가보다는 독일에서 더 큰 영향력을 갖는 것은 사실이다. 하지만 독일인들은 매사에 조심하고 겁을 집어먹는다. 그래야 두 번 다시 이 나라가 전범국이 되지 않을 것이고 이 세상 어느 곳에서도 대중이 선동가의 꾐에 빠져 그릇된 선택을 하는 일이 없을 테니까 말이다.

온 지구를 휩쓴 세계화의 물결은 서로 모르는 사람들이 만나 교류할 수 있도록 멍석을 깔아준다. 여행은 문화적인 접촉을 촉진하고 집단 간 편견을 줄이며 갈등을 예방할 수 있다고 한다.[38] 사회심리학자들은 이미 1950년대에 이런 **접촉 효과**를 발견했고, 최신 메타 분석들을 보면 그 효과는 전 세계적으로 입증되었다.[39] 실험에서 서로 척이 졌거나 서로를 비방하던 집단을 직접 만나게 하면 공격성이 줄어든다. 반대로 가능한 접촉을 막으면 비방 행동이 강화된다. 선거 분석에서도 비슷한 결과가 나온다. 외국인을 혐오하는 정당을 뽑는 유권자는 주로 외국인과의 접촉이 전혀 없거나 많지 않은 사람들이다. 그러나 1950년대 이후의 사회심리학은 왜 잦은 접촉에도 편견이 사라지지 않는지를 설명하는 데 더 공을 들이고 있다. 그 사실만 보더라도 접촉만으로는 지속적인 평화 보장을 기대하기 힘든 것 같다.

파시즘 스케일과 때늦은 인정

프롬은 가장 중요한 것은 권위적 성격의 발전을 촉진하는 한 나라의 사회적 상황이라고 말했다. 권위적 성격이 파시즘을 낳는 중요한 심리적 요인이라고 생각했지만, 파시즘 하나만 놓고 볼 때는 권위적 성격은 아무런 역할을 하지 못한다. 게다가 파시즘은 타고나는 성격 특성이 아니라 원元가족에서 겪은 경험이 원인이며, 이 가족은 다시 사회적 맥락의 영향을 받는다.

프롬은 '권위적 성격' 개념을 '사도마조히즘 성격'과 동의어로 사용했다. 이것은 프로이트 이론에서 다시 가져온 개념이며 우리가 쓰는 일상용어의 의미와도 다르지 않다. 사도마조히스트는 고통을 줄 때도 받을 때도 쾌감을 느끼는 사람이다. 프롬의 경우 사도마조히즘을 성적 욕망이 아니라 일상생활에서 남들에게 복종하거나 남들을 지배하려는 일반적인 마음가짐으로 해석했다. 따라서 다른 사람 같으면 불행하거나 양심의 가책을 느낄 일이 사도마조히스트에게는 기쁜 일이 된다. 권위적 성격은 양쪽 모두를, 즉 사디스트와 마조히스트를 내면에 담고 있다. 적극적 상황, 예를 들어 권위적 성격이 자신보다 열등한 사람과 함께하는 상황에서는 사디즘적 성향이 깨어난다. 그래서 약자를 모욕하고 짓밟고 무시한다. 상대를 괴롭히고 고문하고 모욕하고 무시하면 이 사디즘적 성향이 만족감을 느낀다. 반대로 나보다 우월한 사람이 상황을 좌우할 경우 마조히즘적 면모가 눈을 뜬다. 마조히스트는 강자에게 복종하고 강자를 따르면서 기쁨과 쾌감을 느낀다. 물론 프롬이 말한 쾌감은 성적 의미가 아니라 어떤 일을 하려는 의욕, 기쁨, 즐거움이다.

　나는 프롬의 쾌감을 일반 심리학적으로 해석하여 한 인간이 느끼는 긍정적 기분으로 이해하고 싶다. 마조히스트는 강자에게 굽실거리면 기분이 좋고, 사디스트는 남을 짓밟으면 기분이 좋다. 그리고 사도마조히스트는 카멜레온처럼 변신이 가능하기 때문에 다양한 방식으로 여러 상황에서 기분이 좋을 수 있다. 기능적인 면에서 보자면 이 성격은 장점이 참 많다. 위에 있어도 아래에 있어도 상관이 없다. 각 상황에 적응할 수 있는 모든 행동 방식이 레퍼토리에 들어 있다. 자기 조절의 관점에서 바라보면 이러한 구조는 상당히 매력적이다. 모든 위계 구조에 적응할 수 있기 때문에 어떤 상황에서도 쾌락이 욕망을 만족시킬 수 있다. 더구나 무력감과 같은 부정적 감정이 기쁨이라는 정반대의 감정으로 용도 변경된다. 권위적이지 않은 성격이라면 장애로 느낄 만한 상황도 권위적 성격의 마조히스트는 즐겁거나 좋다고 느낀다. 이런 전도 덕분에 적어도 단기간은 고통을 느끼지 않는다. 또 재빨리 굴복하면 에너지를 아낄 수 있다. 권위적이지 않은 성격이 무력감에 저항하자면 추가 자원과 에너지를 들여야 한다. 스스로 책임을 지고 결정을 내려야 하고 여러 행동 방식의 장단점을 고민하여 창의적으로 사고해야 한다. 복종하고 명령을 따르는 것보다 훨씬 에너지가 많이 드는 반응인 것이다.

　권위적 성격은 전형적이고 보수적인 행동을 선호한다. 위계질서를 묵묵히 따르고 기존의 것을 옳다고 생각하기에 기존 시스템을 지지한다. 전통을 지키고 새롭고 혁신적인 것을 거부하기에 폭도, 개혁가, 삐딱이, 낯선 것, 통제할 수 없는 것을 적대시한다. 여기서 내가 프롬의 발견이라고 결론지은 권위적 성격의 가설은 라이히 Wilhelm Reich도 주장한 바 있다.[40] 1933년에 나온 그의 『파시즘의 대중심리』는 처음으로 국가 사회주의를 정신분석의 관점에서 바라본 해설서 중 하나였다. 이 책에서 그는 유년기에 겪은 성적 충동의 억압과 파시즘 이데올로기의 기본적 상관관계를 밝혔다. 가부장적인 가정이 억압적 질서에 복종하는 성격의 출생지라는 것이다.

라이히는 프롬의 권위적 성격을 자기 이론의 피상적 표절이라고 주장했다. 아도르노, 프렝켈브룬스윅 Else Frenkel-Brunswik, 레빈슨Daniel Levinson, 샌포드Nevitt Sanford[41]는 프롬이 연구소를 떠난 후에도 프로젝트를 계속 진행했다. 이들은 특히 어떤 심리적 요인이 특정 인간을 반유대주의자이자 파시스트로 만드는지에 관심을 기울였다. 그렇게 탄생한 **파시즘 스케일(혹은 F 척도)**은 흔히 아도르노의 작품으로 알고 있지만 사실은 샌포드의 작품이었고, 지금도 심리학 연구에 자주 사용되고 있다. 그것의 기반이 된 정신분석 이론은 외면을 받고 있지만 파시즘 스케일만은 학계에 확고히 뿌리를 내린 것이다.

예를 들어 외스트라이히[42]는 몇 차례에 걸쳐 권위적 증후군의 의미를 수용하되 현대 학습 및 발달 심리학을 기반으로 이 증후군을 설명하려고 노력했다. 그는 권위적 성격이 아이에게 과도한 부담을 안겨준 사회화 과정의 결과이며, 아이가 부모로부터 독립하지 못하도록 방해한다고 주장했다. 아이가 부모와 자신을 과도하게 동일시해서 자율적 자아로 성장할 수 없을 경우 불안한 행동 방식을 버리지 못하고 강하거나 극단적 이데올로기를 주장하는 보호자에게 집착하게 된다는 것이다. 또 그는 몇몇 연구 결과에서 권위적 성격이

연구실에서의 라이히

파시즘에 대해 라이히는 『파시즘의 대중심리』에서 약자에게는 군림하려 하고 강자에게는 굴종하려는 대중의 권위주의적 성격 구조로 설명했고, 프롬은 고독과 무력감을 견디지 못한 개인들이 강자에게 도피하는 것으로 이해했다.

정치적 위기에 번성한다는 사실을 입증했다.[43] 그러니까 요즘 학자들은 권위적 성격의 콘셉트가 여전히 유익하다고 느끼면서도 더 이상 정신분석이 아닌 다른 방식으로 설명을 하려고 노력한다.

그렇다면 파시즘 스케일은 무엇을 측정할까? 파시즘 스케일은 총 아홉 개의 항목(서브스케일)으로 구성된 설문지로, 항목마다 다시 여러 개의 문항이 붙어 있어서 이것을 모아 보면 반민주적 사고방식을 옹호하는 인격을 찾아낼 수 있다. 이 설문지는 소수자 차별, 폭력, 투표 행동 같은 일련의 다른 행동 방식을 예측할 수 있다는 점에서 타당성을 입증해보였다. 이 말은 이런 문항에 동의를 한 사람일수록 소수자를 더 차별할 것이고 네오 파시스트 정당을 더 많이 뽑을 것이라는 뜻이다. 그러나 일부에서는 이 설문지가 너무 포괄적이며 특수성이 부족하다고 비판했다. (실제로 설문지를 자세히 살펴볼 때마다 여기에 인간의 **온갖** 악한 면과 나쁜 면이 모여 있다는 느낌이 든다.)

1980년대 들어 알테마이어Bob Altemeyer가 현대식 버전을 개발했다.[44] 그는 파시즘 스케일을 세 가지 요인, 즉 '전통주의' '권위적 굴종' '이상화된 권위에 대한 무비판적 복종'에 국한시키고 이 요약 버전을 **우익 권위주의**라고 불렀다. 그리고 이 성향의 사람들이 파시즘, 소수자 차별, 권위자의 폭력을 찬양한다는 것을 예측할 수 있다는 사실을 입증했다. 또 알테마이어는 우익 권위주의가 정신분석 이론의 예상과 달리 엄격한 교육과 억압된 공격성으로 인해 초기 유년기에 발현하는 것이 아니라 사춘기에 처음 나타났다가 시간이 가면서 더하거나 덜해질 수 있다고 주장했고 이를 몇 차례의 실험으로 밝혀냈다. 개인과 사회의 위기 같은 스트레스를 유발하는 상황은 자녀 출산과 마찬가지로 우익 권위주의를 강화한다. 우익 권위주의에 반대하는 자유주의적 교육은 우익 권위주의를 막는 심리적 보호막이 될 수 있다. 일반적으로 우익 권위주의주가 심한 사람들은 세상을 위험하다고 생각한다. 이들이 자신이 속한 사회의 외부인에 대해 권위를 통한 폭력 행사를 더 바라는 심리적 근거도 아마 그것일 것이다.

앞서 이야기했듯이 프롬이 이 콘셉트에 많은 기여를 했다는 것은 공공연한 사실이다. 하지만 1950년에 발표된 논문에 따르면 아도르노와 공저자들은 프롬의 공을 거의 완전히 무시했다. 그만큼 그에게 느낀 인간적 거부감이 컸던 것 같다. 그러나 최근 들어 파렌베르크Jochen Fahrenberg 같은 학자들이 **권위적 성격**을 흥미로운 학문 콘셉트로 만든 사람이 프롬이라는 사실을 인정했다. 물론 원래의 가정은 상당수 반박되었고 설문지도 계속 개선되었지만, 그렇다고 해서 프롬의 설계가 갖는 의미가 줄어드는 것은 결코 아니다. 학문은 역동적 개선과 변화의 과정에 노출되어 있다. 인간 행동의 **진짜 최종** 이론을 펼치려는 희망은 과대망상일 뿐 아니라 완전히 비심리학적이다. 인간은 세대를 거치며 변화하고, 문화적 변화는 인간의 심리에 너무나 중요한 영향을 미치므로 경직된 확고한 이론 체계는 처음에는 유익했을지 몰라도 금방 예측력을 잃을 수밖에 없다. 연구는 토론을 선도하기 위해 존재하고 이론은 언젠가 반박당하여 더 나은 이론이 생겨날 수 있기 위해 존재한다. 그리고 권위적 성격 이론은 이런 종류의 선도를 보여주는 훌륭한 사례다. 그런 만큼 이 콘셉트가 수많은 세대와 다양한 사회와 격렬한 비판을 거치면서 그렇게 많은 의미 변화를 이겨냈다는 사실은 더욱 놀랍기만 하다.

프로파간다의 위험성

프롬은 『자유로부터의 도피』의 마지막 장에서 **사상의 자유 권리는 우리 나름의 사상을 품을 수 있을 때에만 의미가 있다**고 주장했다. 교육으로 인해 자립적 사고를 억압해야 했던 사람, 타인에 대한 적개심을 제대로 해소할 수 없었던 사람, 학교에서 개별 사실만 배웠을 뿐 전체적인 시각을 배우지 못한 사람, 이 세상에 절대적인 가치란 없으며 모든 것은 상대적이라고 배운 사람, 무엇이 중요하고 중요하지 않은지를 배우지 못한 사람, 자신이 진정으로 원하는 것이 무엇인지 말할 수 없는 사람은 "'자유'의 이름으로 일체의 구조"와 자기 정체성에 대한 감각을 잃는다. 그로 인해 "자극적인 약속을 던지고 정치조직과 상징을 제시하면서 개인의 삶에 의미를 부여하고 질서를 회복시켜주겠다고 하는 지도자라면 무조건 수용하게" 된다. "자동인형 같은 순응주의자의 절망은 파시즘의 정치적 목표가 자라는 비옥한 토양이다."(『자유로부터의 도피』)

이 장에서 프롬은 사람들에게 전체적으로 불리한 영향을 끼치는 요인들을 몇 쪽에 걸쳐서 다시 한번 강조한다. 불리한 인격 발달은 교육 방식 때문이기도 하지만 구체적인 사회 현상의 탓도 크다. 대표적인 것이 당시 극장과 라디오의 뉴스가 그랬듯 언론이 보도 내용을 임의로 바꾸어 진짜 중요한 것을 파악할 수 있는 감각을 잃게

연설하는 히틀러(1944)

히틀러는 새로운 대중매체인 라디오를 통해 선전·선동 활동을 펼쳤다. 값비싼 라디오를 모든 가정에 보급했으며, 대중 연설을 통해 나치 체제의 우월성을 국민들에게 각인시키려 했다. 그는 대중을 설득하기 위해 철저하게 준비했으며 표정과 손동작 모두 계산하여 행동했다. 히틀러는 교묘한 선전과 연설을 통해 권력을 획득해나갔고, 판단력을 상실한 독일인들은 그의 손을 들어주었다.

만든다는 사실이다. "과학적·예술적으로 중요한 사건을 보도하던 신문들이 바로 그 지면에 똑같이 진지한 태도로 신인 연기자의 멍청한 생각과 식습관을 보도한다."(『자유로부터의 도피』) 누구나 이 말에 공감할 것이다. 타임스퀘어의 전광판을 보며 나 역시 다시 한번 그의 말에 공감한다. 더구나 내용을 바꾸는 그 숨 막히는 속도는 그때와 비교할 수 없을 정도로 빨라졌다.

그러나 미디어 심리학자들은 미디어와 더불어 **미디어 능력**도 따라 성장한다고 주장한다. 우리가 광고의 영향력을 알기에 그에 저항할 수도 있다는 것이다. **사회 인지 연구**는 광고와 마케팅의 영향력이 얼마나 강한지를 입증하지만, 사람들이 그 사실을 알고 그에 의식적으로 저항할 수 있는 시간과 인지 능력을 확보한다면 그 영향력에도 한계는 있다. 비슷한 방식으로 우리는 프롬이 제시한 수많은 요인들의 상당수에 잘 대처하고 비판할 수 있을 테지만 말이다.

도피의 세 가지 메커니즘

프롬은 자유를 맞이할 준비가 미흡한 인간이 절망과 불안, 무기력에서 빠져나올 길은 세 가지라고 말했다. 그는 자유가 만들어낸 불안으로부터 달아나는 방법으로 **권위주의로의 도피, 파괴로의 도피, 순응으로의 도피**를 꼽았다.

먼저, **권위주의로의 도피**는 권위에 복종하거나 권위를 행사하는 방법으로, 대부분 자존감이 낮은 사람이 사용한다. 다른 사람을 자신에게 종속시키거나 타인에게 고통을 주는 것은 사디즘 성향이 발휘된 경우다. 예를 들어 회사의 사장이 회사를 위한다는 명목으로 직원들을 막 대하는 경우다. 이런 핑계는 가치관과 행동의 긴장을 해소하고 양심의 가책을 무마한다. 폭력적인 남편이 충동적인 성격 탓을 하거나 상대방이 맞을 짓을 한다고 우기는 경우도 마찬가지다. 그러나 사디스트는 자신에게 복종하는 사람이 없으면 그 보상 전략을 써먹을 수 없기 때문에 자유롭지 못한 사람이다.

마조히스트 역시 스스로 무릎을 꿇어 '자유의 짐'을 벗어던진다. 주로 자연법칙, 지도자, 운동, 신처럼 혼자가 아니라는 기분을 줄 수 있는 더 큰 권력에 복종한다. 그것이 그의 삶에 의미를 부여하기 때문이다. 그런데 그 권위가 핑계와 합리화로 은폐되어 불명확한 경우가 많기 때문에 프롬은 이를 "건강한 인간 이성, 학문, 정신 건강, 정상, 여론"(『자유로부터의 도피』)으로 위장하여 인간의 무릎을 꿇리는 **익명의 권위**라고 부른다. 마조히스트는 더 높은 권력의 이름으로 행동하면서 고독과 무기력을 극복한다. 그럴 때에만 행동을 할 수 있고, 그러면서 수많은 다른 사람과 함께 더 중요한 의무를 다한다고 느낀다.

두 번째는 **파괴로의 도피**다. 권위자와의 동화를 추구하는 대신 타인의 파괴를 택한다. 프롬은 제대로 살지 못한 삶의 결과를 파괴성이라고 보았다. 그러니까 이것 역시 무기력, 불안, 의미 상실을 극복하기 위한 노력인 것이다. "나는 내 바깥의 세상을 파괴하여 그 세상에 대한 나의 무력감에서 빠져나올 수 있다."(『자유로부터의 도피』) 파괴적 행동도 외부의 공격을 방어하고 적을 격파할 때는 소중한 자원이며, 정상적인 방어 메커니즘이자 "삶에 대한 긍정"의 신호로 해석할 수 있다. 그러나 많은 이들이 소위 사랑, 애국심, 의무, 양심을 지키겠다며 파괴적으로 행동한다. 인간은 실현 가능성을 빼앗길 때 파괴적으로 돌변한다. 삶에 기만당한 이들이 도를 넘어선다. 개별 소망이 이루어지지 않는 수준이 아니라 "인생 전체가 수포로 돌아간"(『자유로부터의 도피』) 것이다.

세 번째는 **순응주의로의 도피**다. 자신의 정체성을 완전히 포기하고 "문화가 그에게 제공하는" 이미지에 부합하려 노력한다. 강물을 거스르지 않는 자는 혼자가 아니라는 생각에 외로움을 느끼지 않겠지만 자신을 포기했다는 사실은 깨닫지 못한다. 요즘 우리는 우리의 행동이 무의식적 모방이라는 사실을 잘 알지만, 1930년대만 하더라도 그런 인식은 프로이트의 주요 이론이었을 뿐 경험적 근거도 없었고 상식과도 일치하지 않았다. 물론 그 사실을 잘 아는 우리도 패션과 트렌드, 규범의 영향력을 잊을 때가 많지만 말이다.

미국의 사회심리학자 차트랜드Tanja Chartrand는 우리가 상대방의 얼굴 표정, 앉은 자세, 까딱거리는 발짓까지도 즉흥적으로 모방한다는 사실을 입증했다. 특히 상대방을 좋아하거나 서로의 유사성을 인지한 경우 더 모방을 많이 한다고 한다.[45] 나아가 모든 사람은 사회가 공유하는 스테레오타입 지식을 저장했다가 무의식적으로 그에 맞게 행동한다. 그런데 그 행동이 마치 의식적으로 그런 규범을 따르는 사람 같다.

1980년대의 편견 연구는 스스로를 인종주의자가 아니라고 주장한 많은 백인 미국인들이 스테레오타입 연상을 무의식에 담고 있으며, 흑인을 만났을 때 그 연상이 무의식적으로 활성화된다는 사실을 입증했다. **사격수의 편견**shooter bias 실험은 사회의 스테레오타입이 무의식적으로 영향을 미칠 수 있다는 사실을 보여준 매우 확실한 사례이다.

사회심리학자 코렐Joshua Correl과 동료들은 실험 참가자들에게 컴퓨터 사격 게임에서 경찰 역할을 해달라고 부탁했다.[46] 그리고 모니터에 무기를 든 사람이 등장하면 신속 정확하게 버튼을 누르라고 말했다. 참가자들이 키보드에서 쓸 수 있는 버튼은 두 가지였다. A는 무기를 든 사람이 나타날 때 사용해야 하는 버튼이었고, B는 무기를 들지 않은 사람이 나타났을 때 써야 하는 버튼이었다. 그런데 문제는 2초 내로 반응을 해야 한다는 것이었다. 실생활에서 경찰들이 판단을 내려야 하는 시간보다 훨씬 짧았다. 모니터에는 흑인 또는 백인이 등장했고, 그들 손에는 무기나 휴대전화와 지갑 같은 평범한 물건이 들려 있었다. 참가자들은 흑인이 등장할 경우에 더 많이 A버튼을 눌렀다. 그 흑인의 손에 무기가 없는 경우에도 그랬다.

이 실험 결과는 우리에게 시사하는 바가 크다. 그사이 다른 나라의 실험실에서도 약간의 변화를 주어 비슷한 실험을 실시했다. 그 연구의 결과들은 흑인과 백인을 평등하게 바라보는 관용적인 사람도 그렇지 않은 사람과 동일한 인종주의적 실수를 범한다는 사실을 입증했다. 심지어 참가자들이 이런 효과를 일으키지 않으려고 정신을 집중해도 같은 결과가 나타났다. 대부분의 흑인들이 사격수의 편견에서 자유롭지 못했다. 많은 사회의 스테레오타입이 '흑인=범죄자'의 연상을 불러오고, 그 이유만으로 우리는 무의식적으로 아무 죄도 없는 흑인을 쏘게 되는 것이다. 이러한 최근의 연구 결과들은 의식과 무의식의 불일치가 존재한다는 사실을 보다 높은 차원의 분석으로 입증한다. 의식적으로는 관용적인 사람이지만 무의식적으로는 타인을 차별할 수 있는 것이다.[47]

프롬이 살던 당시에는 이런 인식이 아직 정신분석 이론의 틀에서 나온 가설로만 존재했다. 다 알다시피 정신분석은 억압된 성 충동 혹은 프롬이 말한 공격적 충동을 각종 문제의 원인으로 생각한다. 요즘 우리는 이런 효과의 원인을 단순한 기억 능력에서 찾는다. 사회가 특정 연상을 제공하면, 그것이 스테레오타입이든 공격적인 연상이든 우리는 그것을 저장하고, 그 연상에 맞추어 자동적으로 행동하게 된다. 특히 피곤하거나 시간이 촉박하거나 의식적으로 노력할 인지적 자원이 부족할 경우에는 더욱 그렇게 된다. 의식은 느리게 작업하는 시스템이지만 무의식은 신속하고 즉흥적이라는 것이 통설이다.[48]

우리가 누구인지, 실제로 무엇을 원하는지 알아내기란 쉽지 않은 일이고, 나는 많은 동료들과 달리 무의식만이 '진짜 나'라고 주장하지 않을 것이다.

프롬은 『자유로부터의 도피』에서 인간의 자발성을 의식적 사고 과정을 통해 생겨난 의견이라기보다 자아의 표현이라고 보았다. 기억심리학의 연구 결과가 보여주듯, 내가 사회화를 통해 '집시는 도둑질을 한다'는 연상을 갖게 되고 의식적으로는 이 한심한 생각을 무시한다고 하더라도 그 스테레오타입은 즉각 삭제되지 않고 계속 무의식에서 활동을 한다. 그래서 나는 그것을 근거로 버스에서 집시를 보면 나도 모르게 멀찍이 떨어져 앉을 것이다. 하지만 나는 이 무의식에서 작용하는 연상이 인종주의를 배격하겠다는 의식적·합리적 결정보다 한 인간의 진정한 자아에 대해 더 많은 것을 말해주는 것은 아니라고 주장한다. 그럼에도 내가 어떤 일을 하는 것이 순수한 의무감 때문인지 **내면의 욕구** 때문인지를 알아내는 일은 앞으로도 계속 풀어가야 할 인생의 숙제다.

앞서 말한 도피의 방법들이 무기력과 고독으로부터 자아를 구하는 기능적인 수단을 제공하기는 하지만 장기적으로 볼 때는 심리질환이나 불행한 삶을 피할 수 없다. 그래도 나는 이 모든 도피 방법이 똑같이 해롭다고는 말하지 못하겠다. 특히 파괴적인 사람들은 남을 제물로 삼아 잘사는 것 같다. 히틀러, 스탈린, 레닌이 대표적이다. 물론 살면서 내가 직접 만났던 악하고 파괴적인 사람들은 행복해 보이지 않았다. 그래도 악행이 그들의 권력욕과 통제욕을 크게 만족시키므로 스스로는 정말 편하게 사는 것 같다. 어쨌든 이 주제에 관한 연구 결과는 아직 보지 못했는데, 아마 악한 성향의 실험 참가자를 넉넉하게 모집하기가 쉽지 않아서 그럴 것이다.

전체적으로 프롬의 초기작에 실린 주장들은 반박하기가 매우 어렵다. 그의 이론을 다룬 글들을 살펴보면 대부분이 세부를 끄집어내어 그것을 가지고 비판한다. 예를 들어 앞에서 언급한 **사격수의 편견**과, 평범한 대학생이 몇 시간 만에 사디스트가 되어버린 **스탠퍼드 감옥 실험**[49] 같은 수많은 실험들은 인격이 현 상황의 구조와 마찬가지로 행동에 결정적인 영향을 미치지 않는다는 사실을 입증한다. 그래서 꼭 권위적 성격이 아니더라도 특정 상황에서는 악한 행동을

스탠퍼드 감옥 실험

실험을 설계한 짐바르도Philip Zimbardo는 참가자들을 불러 간단한 역할을 배정했다. 한 집단에게는 간수 역할을, 나머지 집단에게는 수형자의 역할을 맡겼다. 몇 시간이 지나자 이들은 역할에 맞게 행동했고 심지어 이전에 가졌던 개인의 가치관에 위배되는 행동도 서슴지 않았다. 실제로 비디오를 보면 간수들의 사디즘적 행동도 목격된다. 이 실험 결과는 폭력이 탄생하기 위해 권위적 성격이 반드시 필요하다는 주장에 대한 반증으로 자주 인용된다.

할 수 있다.

감정과 자발성의 억압이 반사회적 행동의 원인이라는 주장 역시 오래전에 반박되었다. 오히려 부족한 독립심이나 어린 시절의 애정 결핍을 반사회적 행동의 원인으로 꼽는 사람들이 많다. 최근에는 많은 공격적 행동의 원인이 부모의 교육보다는 사춘기 또래 집단에 있다고 주장하는 연구 결과도 나와 있다. 이 모든 것이 반증일까? 이 모든 것이 권위적 인격과 그것의 도피 메커니즘 콘셉트를 반박할 수 있을까?

학문은 그런 것이다. 구체적인 가설을 끄집어내서 그것을 반박한다. 그러므로 프롬이 권위적 성격의 원인은 오직 감정의 억압이라고 주장했는데, 누군가 부모에 대한 종속이나 사춘기 또래 집단의 유혹이 원인이라고 입증할 경우 프롬의 가설은 반박된 것으로 인정된다. 하지만 프롬이 언급한 권위적 성격의 요인은 너무나 광범위해서 부분 가설에 대한 의심이 이론 전체를 반박할 수는 없다. 프롬은 감정의 억압 말고도 아이의 개성을 무시하는 애정 없는 교육을 반反민주주의적 성향의 원인으로 꼽았다. 이 주장은 일반적으로 타당한 것으로 인정되고 있다. 실제로 불우한 어린 시절을 보낸 범죄자가 지속적으로 폭력을 겪으며 자존감을 깎아먹는 경험을 하는 사례는 많다. 순응주의는 자신의 욕망을 숨기며, 항상 그런 것은 아니지만 많은 경우 사람을 병들게 한다는 것도 맞는 말이다. 어쨌든 우리 상담소에는 의무감으로 인해 고통당하는 사람들이 자주 찾아온다. 그러므로 전체적으로 볼 때 이 이론은 틀리지 않았다고 평가할 수 있겠다. 다만 너무 광범위해서 반박이 쉽지 않다는 비난은 할 수 있다. 요즘은 반박 가능성이 '좋은' 심리학 이론의 기준이 니까 말이다.

내 생각에는 일상의 유익함도 판단 기준에서 빼먹어서는 안 될 것이다. 예를 들어 앞에서 이야기한 메커니즘을 이용하면 반민주적 이고 인종주의적이며 성차별적인 지도자가 선출된 이유를 정말로 쉽게 설명할 수 있다. 감정을 억압하지 않으며 자존감이 높은 사람 은 절대로 가난한 사람들을 더 힘들게 만드는 지도자를 뽑지 않을 것이라 믿기 때문이다. 감정이 있는 인간이라면 국경에 장벽을 설 치하여 난민을 막고 붙잡힌 난민들을 죽음과 가난이 위협하는 고국 으로 돌려보내면서 우월감을 느끼지 못할 것이고 그들과 자신을 비 교하며 자존감을 높이지 않을 것이다. 건강한 자존감을 갖춘 인간 이라면 그럴 필요가 없다. 감정이 있는 사람은 약자를 도울 것이다.

악惡의 연대기

이 물질주의적 도시 어디에서나 돈이 넘쳐난다. 모든 쇼윈도가 욕망을 일깨운다. 화려한 라운지의 호텔은 상상과 욕망의 불을 지 핀다. 이곳에서는 돈이 많아야 행복할 수 있을 것 같다는 생각이 든 다. 당시도 그랬지만 지금도 일요일이면 쇼윈도에 얼굴을 들이대는 물질주의자들을 많이 볼 수 있다.

우리는 저녁마다 이국적 정취가 가득한 식당으로 가서 온갖 맛 과 다채로운 얼굴을 가진 이 도시를 즐긴다. 독일이었다면 절대로

자본주의 상징, 뉴욕의 쇼윈도

뉴욕의 상징적인 쇼핑 거리 피프스 애비뉴에는 화려한 쇼윈도가 거리를 가득 메우고 있다. 쇼 윈도에 진열되어 있는 각양각색의 물건들이 우리의 눈길을 사로잡는다.

주문하지 않았을 음식도 주문했다. 몇 번의 상담과 많은 여행과 온 갖 새로운 경험을 거친 후 더 이상 삶을 두려워하지 않는 내가, 모험을 감수하고 새로운 것에 도전하고 호기심이 많아진 나 자신이 기특하다.

내일도 날씨가 화창하다고 한다. 우리는 페리를 타고 스태튼 아일랜드로 건너가기로 했다. 페리는 한 시간에 한 번씩 섬을 오가는데, 무료인 데다 자유의 여신상과 엘리스 아일랜드, 다운타운 스카이라인이 잘 보여서 관광객들에게 인기가 높다. 갑판에서 사진을 찍고 싶다면 오렌지색 페리를 타야 한다. 배 위에서 본 맨해튼은 장관이다. 거대한 항만, 큰 조각상, 햇살을 받은 그 모든 것이 웅장하고 다정하고 매력적이다.

고국을 떠나 처음으로 엘리스 아일랜드에 발을 디딘 1930~1940년대의 그 많은 유럽인들은 과연 어떤 기분이었을까? 몇 날 며칠을 배에서 꼼짝하지 않고 지내야 했기에 고단했을 것이고, 시름시름 앓는 이도 많았을 것이다. 뉴욕에 도착해서는 지친 몸을 이끌고 거대한 건물의 나무 의자에 앉아서 입국 심사가 끝나기만을 기다렸을 것이다. 며칠 동안 옷도 갈아입지 못하고 제대로 씻지도 못했을 테니 냄새는 오죽했을까? 입국장은 초조와 불안의 냄새가 진동했을 것이다. 나 같은 사람이야 시험이나 취업 때문에 흘린 그 불안의 땀. 그들이 어떻게 그 엄청난 불안을 이기고 힘을 얻었을지 상상이 잘 안 된다.

그마나 돈이 있으면 도움이 많이 되었을 것이다. 어쩌면 지금보다 더 많은 돈이 필요했을 것이다. 돈이 있으면 미국으로 가는 배에서도 좋은 자리를 차지할 수 있었을 것이고 새롭게 시작하기도 훨씬 수월했을 것이다. 그러나 생판 모르는 곳에서 생판 모르는 사람들을 상대로 돈을 벌기가 쉬운 일은 아니었을 것이다. 가진 돈을 털어 장사를 시작했던 많은 이민자들이 결국 장사에 실패하고 남 밑에 들어가서 일을 했다. 그런데도 대부분이 잘 버텼고 살아남았다. 이 사례만 보더라도 인간의 자기 조절 능력에 대한 무한 신뢰가 가능할 것 같다. 몇몇 예외만 뺀다면 인간은 대단한 적응력을 갖추고 태어난 동물이다.

다운타운에는 9·11 메모리얼 파크가 있다. 2001년 9월 11일, 그날 나는 브레멘의 신설 대학교인 야콥스대학에 교수로 임용되어 첫 강의를 했다. 개강을 맞이하여 모든 학생들에게 노트북이 지급되었고, 당시에도 세미나실에는 인터넷이 연결되어 있었다. 강의 도중 미국 학생 하나가 갑자기 비명을 질렀다. "교수님, 아랍인들이 비행기를 몰고 세계무역센터로 돌진했어요!" 나는 일단 강의를 중단했고, 무슨 일인지 알아보기 위해 텔레비전을 가져와 틀었다. 그리고 불과 몇 초 만에 우리는 세상이 달라졌다는 사실을 깨달았다. 우리의 가치 체계가 공격당했다는 사실을 깨달았다. 무력감이 들었다.

악몽의 그날, 9·11테러

2001년 9월 11일, 뜨거운 증오가 두 채의 살아 있는 인간의 창조력을 향해 돌진했다. 건물에서 뛰어내린 사람들의 영상, 아침에 커피를 타서 책상에 앉아 컴퓨터를 켜는 순간 자신을 향해 날아오는 비행기를 보았다는 한 어머니의 후일담, 갇힌 사람들이 마지막으로 휴대전화와 메일함에 남긴 음성이 연일 매스컴을 탔다. 지금도 나는 그 순간만 생각하면 절로 눈물이 솟구치고 온몸이 긴장되면서 뒷목이 뻣뻣해진다.

이렇게 말도 안 되는 일이 일어날 수 있다면, 저런 폭력을 어떻게 막을 수 있단 말인가?

악惡을 어떻게 설명할 수 있을까? 프롬의 권위적 성격이 약간의 이해를 돕는다. 하지만 그렇다고 해서 이 성향의 모든 사람이 타인을 죽이지는 않는다. 프롬은 권위적 성격이 테러리즘과, 살아생전에 경험한 잔혹한 파시즘의 필요조건은 되지만 충분조건은 아니라고 보았다. 실제로 프롬은 소시민 전체에게 권위주의라는 진단을 내렸지만 모든 소시민이 나치 정권에서 냉혈한 킬러가 되지는 않았다. 프롬은 그 이유를 설명하기 위해 역사적·경제적 요인을 추가했지만 결정적인 해석의 실마리는 심리학에서 찾아냈다. "나치즘은 경제 문제와 정치 문제지만 그것이 전 국민을 사로잡았다는 사실은 심리학적 근거들로 설명할 수 있다."(『자유로부터의 도피』)

그는 개인이 나치 지배에 굴복한 심리학적 요인으로 노동자계급과 소시민의 피로와 체념을 들었다. 제1차 세계대전이 끝난 후 닥친 인플레이션과 불안한 미래는 선과 악을 구분할 수 있는 충분한 심리적 안정감을 제공하지 못했다. 프롬은 1920년대 소시민의 기본 가치를 근면과 금욕 같은 프로테스탄티즘의 가치와 연관시켰고, 다른 사람을 적대시하는 사디즘 성향과 시스템에 복종하려는 마조히즘 성향도 영향을 미쳤다고 보았다. 1918년 독일에서는 군주제가 폐지되고 화폐 가치가 급락했다. 카바레트Kabarett*와 예술가들이 온

* 카바레트는 아방가르드를 자처하던 예술가들의 실험 무대이자, 당대 정치와 사회를 비판하는 장이었다. ─옮긴이

인플레이션으로 휴지조각이 되어버린 독일의 마르크화

제1차 세계대전 패전 이후, 독일의 경제는 그 끝을 알 수 없을 정도로 깊은 나락으로 떨어졌다. 지폐 다발을 수레에 가득 실어도 빵 하나 살 수 없을 정도로 1923년의 인플레이션은 유례를 찾아볼 수 없을 만큼 심각했다. 급여와 저축으로 생계를 이어가던 독일 국민들은 경제적 하층민으로 몰락했으며, 히틀러가 권력을 잡기 전해인 1932년에는 실업자 수가 560만 명을 넘어섰다.

갖 뻔뻔한 짓을 저지르고 성적 방탕을 일삼았던 '광란의 1920년대'에 보수적 가치와 특권은 실종되었다. 소시민들에게는 참기 힘든 상황이었다. 그들의 명예도 실추되었다. 특히 제1차 세계대전에 참전했던 군인들은 조국으로 돌아와 열심히 일했지만 합당한 대접을 받지 못했고, 인플레이션으로 그나마 있던 재산도 휴지조각이 되어버렸다. 부모의 권위도 무너졌다. "군주제와 국가 같은 사회적 권위의 상징이 무너지면서 개개의 권위자, 즉 부모의 역할도 무너졌다."(『자유로부터의 도피』) 더구나 관계를 끊어 인간을 고독하게 만드는 독점자본주의는 아무짝에도 쓸모없는 인간이라는 느낌을 부추겼다. 히틀러는 바로 이 지점을 공략하여 잠재적 유권자들의 욕망을 이용한 것이다.

프롬이 보기에 히틀러에게는 원칙이 없었다. 경제적으로도, 정치적으로도 원칙이라는 것이 없었다. 처음에 히틀러는 백화점을 다 없애버리겠다고 선언했지만 막상 권력을 장악하자 흐지부지되었다. 히틀러가 성공할 수 있었던 것은 그의 파시즘이 극단적 낙관주의였기 때문이다. 히틀러는 '소시민'을 중요한 타깃으로 삼았고, 그들과 협력하고 그들을 자기 목표를 위해 도구화했다.[50] 그는 소시민의 감정을 공략하며 그들의 편이 되었다. 속아 넘어간 한심한 인간들이라고 독일 국민 전체를 깎아내리는 동시에 빼앗긴 것을 되찾아 더 나은 삶을 살아야 마땅한 사람들이라며 그들을 추켜세웠다.

원칙적으로 그는 독일 국민의 권위적 성격에 부합했고 그들의 완벽한 굴복을 기대했으며 소시민들의 욕구를 존중하여 그들에게 더 나은 일자리를 유대인에게서 뺏어주겠다고 약속했다. 그러면서 국민은 대중 집회에서 지도자에게 복종해야 한다고 주장했다. "약자를 지배하기보다 강자에게 굴복하는 여자처럼 군중도 애걸복걸하는 사람보다 지배자를 더 사랑하며 자신이 최고라는 사상을 통해 내심 더 큰 만족을 느낀다."[51] "군중이 원하는 것은 강자의 승리와 약자의 멸망 혹은 약자의 무조건적 굴복이다."[52] 히틀러는 자신의 사상을 구체적으로 실천에 옮겼다. 그는 사람들의 비판력과 판단력을 둔화시키려고 피로감이 몰려오는 저녁 시간에 대중 집회를 열었다. 또한 부모들에게 자식들, 즉 '젊은 동포들'을 잘 키워서 훗날 그의 뜻을 잘 따르는 한편 아리안으로서 우월감을 느끼게 만들라고 당부했다. "전체 교육의 목표는 무조건 다른 민족보다 우월하다는 확신을 심어주는 것이다."[53]

핑계는 무한했다. 세상 모든 다른 '인종'보다 아리안이 우월한 이유를 히틀러는 매우 조잡한 다윈주의에서, 더 높은 권력 혹은 '역사의 필연성'인 '자연'에서 찾았다. 동시에 그는 시민들에게 이 높은 권력 파시즘에 마조히즘적으로 완벽하게 굴복하라고 요구했다. "파시즘만이 사람들을 이끌어 힘과 강인함의 우선권을 자발적으로 인정하게 하며, 온 우주를 만든 그 질서의 한 톨 먼지가 되게 한다."[54] 학교에 다니는 아이들도 "합당한 사유로 야단을 맞을 경우에는 입을 다물어야 하고, 필요하다면 부당한 경우에도 입을 다물고 참는 법을 배워야 한다."[55] 히틀러가 사디즘, 마조히즘과 얼마나 밀접한지를 이보다 더 확실히 보여주는 구절은 없을 것이며, 권위적 성격 이론을 『자유로부터의 도피』보다 더 잘 활용한 책은 없을 것 같다.

우생학

유대인 학살의 이론적 근거가 되었던 것은 생물학과 우생학(유전학)에 근거를 둔 인종주의였다. 1933년 수상의 자리에 오른 히틀러는 아리안의 우월성을 강조하는 독일 우생학을 나치즘의 핵심 원리로 삼아 단종법을 제정했다. 유대인과 집시, 장애인들을 바람직하지 않은 형질 혹은 우수하지 않은 형질을 지닌 인종으로 규정하여 대규모 학살을 자행했다.

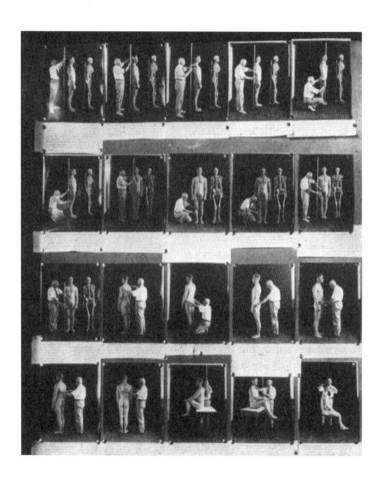

프롬은 히틀러의 성공을 그의 낙관주의적 태도와 유권자들의 상황이 **맞아떨어졌기** 때문이라고 보았다. 독일 국민은 자존감 회복을 위해 큰 과업에 매진했으며, 무엇보다 개인의 안전, 구체적으로 좋은 직장을 원했다. 설사 자유와 인간의 가치를 포기한다고 해도 말이다. 지금의 테러리즘도 같은 구도로 설명할 수 있을 것이다. "신 앞에서는 하잘것없는 존재" "신을 믿지 않는 자들보다 더 나은 존재"라는 조악한 구호는 여기서도 번성하여 무한한 고통을 양산한다.

타워가 있던 자리에는 대리석으로 테두리를 두른 사각형의 구멍들이 있다. 9·11 메모리얼이다. 나는 이 기념물에 깃든 진지함이 마음에 든다. 이 황량함과 엄청난 규모조차 마음에 든다. 여기서 생겨난 트라우마가 실로 어마어마하고 거대하며 막강하기 때문이다. 다음 세대는 이해할 수 없을지도 모르겠지만 이보다 작은 규모였다면 부적절하다고 느꼈을지 모른다. 하지만 새로 지은 원 월드 트레이드 센터는 세련미도 없고 멋스럽지도 않은 데다 영감이라고는 찾아볼 수 없다. 권력을, 저항을 과시하기에는 적당할지 몰라도 아름답지는 않다.

심리학자로서 나는 이러한 기념물에 반대하지 않는다. 유가족에게 위로가 될 수 있기 때문이다. 사고 현장을 가치 있게 만들면 죽은 사람의 명예도 따라 올라가는 것 같으니까. 하지만 상담을 통해 그런 사건이 남은 사람들에게 얼마나 큰 고통을 주는지 누구보다 잘 알기에 그들이 트라우마를 치료할 수 있도록 적절한 재정적 지원을 하는 것이 좋을 것 같다는 생각이 든다.

이곳은 금융 지구라고 불리며 미국의 경제력을 상징했다. 세계무

역센터에서 일을 했던 그들은 성공을 거둔 사람들이었고 이 나라의 자부심이었다. 그날의 테러 역시 모든 테러 행위가 그렇듯 그들 개인을 향한 것이 아니라 상징적 행동이었다. 미국의 가치와 더불어 '적국 미국'을 향한 공격이었다. 희생된 사람들은 전쟁터로 끌려나온 얼굴 없는 용사들처럼 부수적인 손실이었을 뿐이다. 9·11테러의 생존자와 유족들은 오랜 시간 싸워야 했고 그 끝없는 소송의 결과에 대부분이 만족하지 못했다. 여기서도 우리는 여지없이 자본주의의 민낯을 만나게 된다. 소유를 대변하는 새 건물에는 수십억 원을 쏟아부으면서 희생자의 존재를 개선하는 데에는 관심을 보이지 않는다.

나도 한번은 심장이 빨리 뛰어서 의사에게 갔더니 달랑 향정신성 의약품만 처방해주었다. "단순한 스트레스예요. 몇 알 먹으면 나아질 거예요." 어떤 면에서는 나라를 위해 '쓰러졌다'고도 볼 수 있을 테러의 희생자들에게 같은 태도를 보인다는 사실이 안타깝기 그지없다. 이런 상황에서 "스스로 도와라!"라는 외침은 존중이라기보다 냉소에 가까운 반응이니까 말이다.

1976년에 나온 프롬의 마지막 저서 『소유냐 존재냐』의 마지막 장은 예언처럼 읽힌다. 프롬은 테러리즘이 가난한 나라들을 착취함

9·11 메모리얼과 원 월드 트레이드 센터

메모리얼 대리석 난간에는 3,000명에 가까운 사망자의 명단이 새겨져 있다. 음각으로 파인 이름 철자에 장미꽃이 꽂혀 있다. 난간에서 안쪽으로 흐르는 물은 거대한 검은 대리석 저수지로 들어가고, 저수지 한가운데에는 작은 구멍이 나 있다. 지옥의 신 하데스가 사자死者들을 데리고 가는 죽음의 왕국처럼 구멍은 바닥이 보이지 않는다.

으로써 어쩔 수 없이 발생하는 결과라고 주장했다. 프롬 같은 사람은 50년 전에도 모르는 것이 없었다는 사실에 새삼 감탄을 금치 못한다. 정치적 운동을 벌이던 프롬처럼 나도 대학 시절 빈곤과 전쟁에 반대하는 시위를 했다. 당시 우리도 지금 세계 곳곳에서 일어나고 있는 일들을 예상했다. 가난한 사람은 더욱 가난해지고, 가난을 못 견뎌 곳곳에서 전쟁이 터지고, 난민들이 전쟁과 굶주림을 견디다 못해 유럽으로 몰려들고, 부자 나라는 자신들이 저지른 만행에 눈감은 채 장벽 쌓기에 급급하다. 그 모든 경고와 시위가 거둔 결실이 너무나 초라하여 실망스럽기만 하다.

자유의 힘

『자유로부터의 도피』는 주로 자유로부터의 **도피**를 다루었지만 마지막 부분에서는 자유가 인간에게 줄 수 있는 **힘**에 대해 이야기한다. 인간은 자유로울 때에만 자아를 실현하여 "그가 그 자신일" 수 있다. 자유로울 때만 인간은 "그가 가진 모든 감정과 지성의 가능성을 표현할" 수 있고 적극적이 될 수 있다. **긍정적 자유는 통합된 전체 인격의 자발적 활동이다.** 자발성은 자유로울 때만 가능하며, 자발성을 경험하려면 인간의 이성과 자연의 통합이 필요하다. 자발적 활동을 통해 인간은 세상과 하나가 될 수 있고 자연의 통합적 일부가 될 수 있다. 물론 이렇게 통합되어도 여전히 자기 자신을 느껴야 한다. 다시 말해 권위적 성격처럼 사회나 이데올로기에 함몰되어 자신을 잃어서는 안 되는 것이다.

마찬가지로 인간은 자발적인 사랑을 할 때 자아를 찾을 수 있다. 프롬이 생각하는 사랑은 "개별적 자아를 유지하는 가운데 개인이 타인과 결합되는 것"(『자유로부터의 도피』)이다. 그것 역시 자유로울 때만 가능하다.

마지막으로 인간은 노동을 통해 자아실현을 할 수 있다. 그러나 노동의 결과가 아닌 과정을 보아야 한다. 다시 말해 활동하며 그 자체에서 활기를 찾아야지 결과에 연연하여 스스로를 웃음거리로 만들어서는 안 된다. 자신의 창의적 활동을 오직 성공에 따라 판단하지 않도록 경계해야 한다. "삶의 의미는 오직 한 가지, 삶의 실행"(『자유로부터의 도피』)이라는 사실을 깨달을 때, 인간은 스스로를 활동적이고 창조적인 개인으로 경험한다.

프롬은 국민이 일을 원치 않거나 인생의 방향을 바꾸고 싶을 때 국가가 능력과 무관하게 소득을 지급해야 한다고 생각했다. 그것이 사회적으로도 득이 된다고 보았다. 경영자가 마흔다섯 살에 문득 목공에 관심을 갖게 되어 목수가 되고 싶다면 교육을 받아야 할 것이고, 계획이 틀어질 수도 있으니 경제적 기본 보장이 필요할 것이다. 국가는 국민 개개인의 웰빙에 책임을 지고 국민의 자아실현을 도와주어야 한다.

이러한 생각 역시 매우 현대적인 것 같다. 그렇지 않아도 최근 몇몇 국가에서 기본 소득을 둘러싸고 활발한 논의가 일고 있다. 일자리가 점점 줄어드는 디지털 시대에 기본소득이 가장 인간적인 최선의 해결책이지 않을까?

심리학의 역사를 살펴보아도 이미 1950년대에 로저스, 스테어 Virginia Stair, 매슬로 같은 유명 심리학자들이 개인의 자아실현과 자존감을 부각시키고 나아가 그것을 인간의 권리로 주창하는, 비슷한 인문주의적 이론들을 내놓았다. 그들 역시 인간이 잘 살 수 있으려면 우선 기본욕구가 만족되어야 한다고 주장했다. 물론 그들 역시 구체적 실현 방안에 해당하는 경제적 개념은 제시하지 못했다.

프롬은 처음부터 인간의 유일성을 강조했다. "유기적 성장은 타인은 물론이고 자아의 특수성을 가장 존중할 때에만 가능하다." 개인주의적 문화권에서 성장한 우리 같은 사람들에게는 너무나 당연한 말이지만 프롬이 생전에 경험했던 전체주의 시스템을 생각한다면 그의 이런 주장은 실로 혁명적이었다. 더구나 이것은 심리 상담의 현장에서도 상당히 실천하기 힘든 요구였다. 시스템 치료 같은 인문주의 치료법에서 환자를 개별적으로 다루는 것이 가장 중요한 원칙 중 하나지만, 전통적인 정신분석은 물론이고 행동 치료 역시도 매뉴얼이나 분류 목록에 따라 치료를 한다.

어떤 환자가 우울증 진단을 받았을 경우 상담사는 개인의 차이는 대부분 무시한 채 정해진 치료법에 따라 처방을 한다. 예를 들어 우울증에 걸린 밀러 씨를 또 다른 우울증에 걸린 마이어 씨하고 똑같이 치료를 한다고 가정해보자. 두 사람이 "나는 꿈을 꾸었다"라고 말하면 정신분석학자는 두 사람 모두 성적 환상을 실천하고 싶다고 해석한다. 그러나 환자의 개성을 치료의 열쇠로 생각하는 시스템 치료에서는 매뉴얼에 따른 접근 방식은 오류다. 마이어 씨의 우울증이 밀러 씨의 우울증과 달리 어떤 의미를 가지는지, "날 수 있다"라는 말이 평소 뮐러 씨나 마이어 씨에게 어떤 의미인지를 밝혀내는 것이 중요하다. 정신분석과 행동 치료에서는 상담사가 처방을 내리고 환자의 행동이나 꿈을 해석하고 환자에게 무엇이 잘못되었는지 설명하지만, 시스템 치료에서는 상담사가 환자를 같은 눈높이에서 대하고 저마다의 인식, 자원, 강점을 토대로 해결 방안을 모색한다. 개인적 해결책은 어떤 사람에게는 옳지만 다른 사람에게는 틀릴 수 있다. 우울증에 걸린 마이어 씨는 운동이 치료 방법일 수 있지만 성공을 꿈꾸는 뮐러 씨에게는 운동이 또 하나의 스트레스일 뿐이다.

프로이트가 심리학을 지배하고 사회연구소가 그의 이론을 따르던 시절, 환자의 문제를 개별적으로 인식하자는 주장은 명백한 모독이었다. 이 역시 연구소의 이상에서 멀어진 프롬이 호르크하이머와 아도르노에게 비난을 받은 이유였을 것이다. 프롬은 개인이 모두 유일하고 **똑같이 가치 있는** 존재라고 주장했다. 개인이 굴복해야할 더 높은 권력은 존재하지 않는다고 말이다. 이 지점에 이르면 문제는 어려워진다. 프롬이 이 책에서 말한 '권력'은 당연히 무시무시한 나치 정권이었다. 스스로 선택한 지도부나 효율적인 연대 및 조력 시스템에서 나올 수 있는 통제를 의미하지는 않았을 것이다. 나도 기업과 조직에 자문을 많이 하는데, 대부분의 직원들이 리더를 원한다. 리더가 힘든 결정의 짐을 덜어주리라는 바람 때문이다. 프로젝트에 따라 위계를 재조정하는 '민첩한 팀'을 도입하려고도 했지만 실패로 돌아갔다. 특히 젊은 사람들이 리더를 원했다. 어떻게 팀을 이끄는지 관찰하고 싶고, 또 자신은 아직 능력이 안 된다고 생각하기 때문이다.

프롬은 책의 말미에서 '진짜 이상과 가짜 이상'을 구분하려 노력했다. 그러니까 이데올로기의 평가를 공개 자백한 셈이다. 진짜 이상에서는 "아직 이루어지지는 못했지만 개인의 성장과 행복을 위해 바람직한 어떤 것을 이루려는 노력이 표현"(『자유로부터의 도피』)되지만 파시즘은 "누가 봐도 삶에 등을 돌리는" 가짜 이상의 이데올로기다. 인간적으로는 나도 그 말에 박수갈채를 보내지만, 이런 식의 도덕적 평가를 분석에 섞을 경우 기능적이고 가치중립적인 분석(파시즘은 어디에 좋고 어디에 안 좋은가?)이 어려워진다. 학자들은 당연히 비학문적이라고 비판할 것이다. 프롬은 파시즘의 여러 기능을 열거하다가(안전과 자존감과 직업을 원하던 권위적 성격의 사람들에게 이것들을 제공했다), 다시 파시즘을 삶에 유해한 시스템이자 "병리적 도착증"이라고 불렀다. 현상과 상황을 가치중립적으로 분석하라고 요구해놓고는 때로 심하게 도덕적으로 구는 그를 보며 나는 물론이고 다른 많은 독자들도 당황스러웠을 것이다. 한 번 더 분명히 말하지만 나 역시 이런 식의 평가에 공감한다. 특히 극단적이고 명백한 폭력 상황이나 대량 학살의 경우 모두가 자신의 색깔을 분명히 밝혀야 한다. 하지만 이런 식의 평가는 자본주의나 프로테스탄티즘, 오락 산업 같은 무해한 현상에서도 가치중립을 포기하도록 유혹한다. 프롬은 인간을 건강하게 만드는 것이 무엇이고 병들게 하는 것이 무엇인지를 정확히 알았던 것 같다.

결국 그는 새로운 태도, 즉 존재 양식의 태도가 자동적으로 세상을 구원할 수 있다고 생각했던 것 같다. 이런 태도가 타인에 대한 공격성을 줄이고 친환경적 태도를 자극하며 만인을 더 건강하게 만들 수 있다고 말이다. 그러나 이런 주장은 구체적인 해결 방안과는 거리가 멀기 때문에 심리학적으로 정확한 개별 요소의 분석이라기보다는 대략의 희망 같은 느낌을 준다. 물론 그는 『소유냐 존재냐』에서 (아직) 해결 방안이 없다고 해서 해결 방안이 존재하지 않는다는 뜻은 아님을 명확히 밝힌다. 그는 지구 보존, 빈부 격차 해소, 더 나은 사회 시스템을 주제로 더 많은 연구가 진행되어야 한다고 요구했다. 이런 문제들에도 기술 연구 못지않게 많은 돈과 에너지를 투자해야 한다고 말이다. "최신 자연과학 덕분에 비행과 같은 기술 유토피아는 이미 실현되었다. 메시아 시대의 **인간 유토피아**, 즉 경제적 강제, 전쟁, 계급투쟁에서 해방되어 평화롭게 연대하며 공존하는 통합된 새로운 인류는 기술 유토피아에 들인 것과 똑같은 에너지, 지성, 열정을 쏟아부을 때 현실이 될 수 있다. 프랑스의 소설가 베른Jules Verne의 소설을 읽었다고 해서 잠수함을 구축할 수는 없다. 예언자의 글을 읽어서 인본주의 사회를 만들 수는 없다."(『소유냐 존재냐』) 이 말은 그 역시도 자극밖에는 줄 수 없음을 공개 자백한다. 때로 독자들은 그로 인해 실망을 할 수도 있을 것이다.

우리의 미래는 유토피아인가 디스토피아인가

『자유로부터의 도피』에서 프롬이 사람들에게 제안한 미션의 목표는 맨 마지막 장에 이르러서야 등장한다. 학계에서는 비전을 제시하는 것이 위험하다고 본다. 그런 유토피아가 너무 자주 실패하고, 너무 빨리 비판을 받거나 조롱거리가 되기 때문이며, 무엇보다 독자들이 유토피아보다는 디스토피아를 더 좋아하기 때문이다. 다른 분야에서도 마찬가지다. 디스토피아, 스릴러, 범죄물이 스크린과 안방극장을 도배한다. 성공적인 유토피아를 보여주는 영화는 극소수에 불과하다. 미디어학자 슈티글레거Marcus Stiglegger는 이것이 서구 세계의 일반적인 현상이라고 본다. 반면 러시아 같은 공산권 국가에는 유토피아 영화의 전통이 있다. 공산주의는 정확한 목표가 있기 때문이다. 민주주의 이념은 전체적으로 훨씬 다채로워서 설명하기 힘들다. 구체적이거나 명확한 해결책이 존재하지 않아 프롬도 추상적인 차원에 머무를 수밖에 없었다. 프롬은 계획경제를 택했지만, 소련이나 동독처럼 위에서 강요하는 형태가 아니라 "아래로부터 만들어진" 경제를 원했다. "위의 계획이 아래의 적극적 협력과 함께하면, 사회적 삶의 물결이 항상 아래에서 위로 흐르면, 계획경제는 오직 인간을 새롭게 하는 조작이 될 것이다."(『자유로부터의 도피』)

물론 프롬은 경제적·정치적 해결 방안은 자신의 전문 분야가 아니라고 겸손하게 고백했다. 그럼에도 그는 개인이 사회의 과정에 참여해야만 자유로부터의 도피를 멈출 수 있다고 확신했다. "인간이 사회를 잘 다스려야만, 경제기구를 인간의 행복을 위해 이용해야만, 개인이 적극적으로 사회적 과정에 참여해야만 그를 절망으로 내모는 고독과 무력감을 이길 수 있다."(『자유로부터의 도피』)

이러한 이념은 일부 정돈이 덜 되었다는 느낌을 준다. 결국 마지막 저서 『소유냐 존재냐』에서 그는 공산주의 계획경제 모델을 완전히 버리고 반물질주의적 민주주의를 주장했다. 개인이 정치에 미치는 영향력을 예견하는 시민 집단이, 시민을 대신하여 필요하고 유익하고 건강한 제품과 소비재를 찾고 정당한 분배 방법을 고민하는 상위 국가 연구 기관 및 위원회와 똑같이 자리를 차지하는 그런 민주주의 말이다. 물론 그는 마지막까지도 반물질주의적 관점에서 이런저런 자극을 주었을 뿐 완벽한 처방전을 제시하지는 않았다.

앞에서도 이야기했듯이, 프롬은 건강이 좋지 않았다. 1934년부터 1936년까지는 결핵이 재발해서 많은 시간을 뉴멕시코의 요양병원에서 지냈고 장기간 크루즈 여행을 했으며 샌프란시스코, 로스앤젤레스, 샌타바버라 같은 해안도시나 기후가 좋은 버뮤다섬과 멕시코의 탁스코에서 살았다. 1938년에는 신장병으로 한참 동안 다보스에서 지냈다. 1939년 결핵 신약이 시판되면서 다 나았다고 생각했지만 그건 헛된 기대였을 뿐이고, 늘 죽음을 생각하지 않을 수 없는 이런 상황은 작품에도 적지 않은 영향을 미쳤다. 저서 곳곳에서 독자들의 마음을 흔들어 정신이 번쩍 들게 만들려는 그의 마음이, 독자들이 진정으로 잘 살 수 있도록 도와주려는 그의 심정이 전해진다. 남은 시간이 얼마 되지 않는다는 사실을 알고 이렇게 말하는 할아버지처럼 말이다. "이제 내 말을 잘 들으렴. 아마 이게 마지막일 거야. 인생을 낭비하지 마라. 존재에 집중해!"

존재의 삶을 위하여

프롬의 마지막 도시, 무랄토

장면이 바뀐다. 프롬의 말대로 스위스의 무랄토는 낙원이다. 향기로운 재스민에 휘감긴 야자수, 협죽도 덤불, 라벤더, 꽃이 활짝 핀 밤나무. 이 모든 것이 마조레호를 장식하고 있다. 검푸른 빛깔의 아름다운 산중 호수는 작은 마을들을 숨긴 초록의 언덕에 둘러싸여 있다. 이탈리아 밀라노에서 출발한 우리는 도착 첫날부터 조잡한 산악 열차 푸니쿨라를 타고 마돈나델사소성당에 올랐고, 거기서 다시 케이블카를 타고 산 정상에 올랐다. 소들이 풀을 뜯는 목초지, 작은 숲, 가지각색의 꽃이 잔뜩 피어 있는 초원이 훤히 내려다보였다. 온통 싱싱한 초록빛이다. 저 아래 파란 호수에는 눈처럼 하얀 배가 여기저기 떠 있었다.

하지만 이내 날씨가 변덕이 죽 끓듯 했다. 해가 쨍쨍 나다가 비가 쏟아지고 안개가 자욱하더니 매서운 바람이 불었다. 이곳 산에서는 비가 오면 비를 맞고 눈이 오면 눈을 맞을 수밖에 없다고 한다. 우리

첸토발리
이탈리아와 스위스를 잇는 첸토발리centovalli 열차. 100개의 계곡이라는 이름처럼 큰 계곡을 따라 작은 골짜기들이 겹치듯이 이어지는 풍광을 감상할 수 있다.

는 자연을 음미했다. 신선한 공기, 때로는 송진 냄새가, 때로는 꽃향
기가 풍긴다. 꽃분홍의 알프스 들장미, 데이지, 진노랑 금잔화, 장밋
빛 루핀, 싱싱하고 달콤한 산딸기가 여기저기 열려 있다. 빌베리와
월귤은 아직 때가 일러 초록색이지만 올해 유난히 열매가 많이 달
렸다. 날씨가 좋으면 전망이 정말 좋다는 정상은 마침 안개가 자욱
하고 바람이 세찼다. 한 치 앞도 안 보였다. 난간에 매달아둔 방울이
딸랑딸랑 바람에 흔들리는 소리가 신비롭다. 안개가 걷히고 시야가
트이자 저 아래 보이는 집들이 마치 장난감같다. 크고 멋진 빌라도
있지만 아담한 건물도 많다. 세련된 로카르노시의 한 구인 이곳을
직접 본다면 사람들은 무조건 사랑에 빠질 것이다.

무랄토는 잠에 빠진 것 같다. 인구수가 3,000명이 채 안 되고 그
마저 거리에 나온 사람이 거의 없다. 이상하게 이곳에는 관광객도
별로 없다.

고향에서 내쫓기고 나치 때문에 고통을 당했음에도, 왜 프롬이
여생을 보낼 장소로 하필이면 독일어권 나라를 택했는지 궁금해하
는 사람들이 많다. 무랄토는 독일과 전혀 관련이 없다. 아마 대부분
의 전기 작가들이 이곳에 한번 와보지도 않고 이곳도 취리히처럼
독일풍이라고 생각해버렸을 가능성이 높다. 하지만 스위스는 다채
로운 나라다. 프랑스어, 레토로망스어*, 이탈리아어 권으로 나뉘고,
많은 지역이 (스위스 사람들은 듣기 싫어하지만) 실제로 독일과 비슷하

---

* 라틴어에서 갈라져 나온 로망스 어군의 하나로, 이탈리아 북부나 스위스의 알프스 지대 등에
서 쓴다. ―옮긴이

지만 정작 독일 사람들은 '스위스식 독일어'를 사용하는 곳에 가서도 말을 잘 못 알아듣는다. 한마디로 프롬은 결코 또 다른 독일로 돌아온 것이 아니었다. 그는 그저 여생을 보낼 작고 여유가 넘치며 따뜻한 마을을 찾았던 것뿐이다.

우리는 가족이 운영하는 작은 호텔을 예약했고, 발코니로 나가 독수리 둥지에 오른 듯 넋을 잃고 도시의 지붕들과 호수를 바라보았다. 프롬이 살던 마지막 집도 여기서 훤히 보인다. 위대한 지성을 좇아 여기저기 아름다운 도시를 둘러보는 이 멋진 여행과 작별을 고해야 할 시간이 얼마 남지 않은 지금 그의 집이 더욱 의미 있게 다가온다. 어둠에 묻힌 호수는 검고 건너편 물가에서는 불빛이 반짝인다. 특혜받은 고장, 낙원이다.

프롬이 세상을 떠날 때까지 애니스와 살았던 마지막 집을 보고 입이 다물어지지 않았다. 두 사람이 미국과 멕시코에서 살았던 호화 저택들과 달리 정말로 평범한 주택이다. 두 사람은 제일 꼭대기 층 바로 아래층에 살았다. 초라한 건물은 어딘가 부자 부부와 어울리지 않지만, 바로 그 점이 감동을 준다.

나는 눈을 감고 이곳에 살았을 그들을 그려보았다. 부부는 아침을 발코니에서 먹었기 때문에 여기서도 마조레 호수를 내려다보며 식사를 했을 것이다. 작은 식당들이 늘어선 호숫가 가로수 길까지 불과 몇 미터이고 푸니쿨라도 걸어서 닿을 거리이며 시내도 가깝다. 이것이면 족했을 것이다. 무엇이 더 필요했겠는가?

날씨가 좋아서 동네 산책에 나섰다. 예약을 하지 않았는데도 지역 최고라는 피자집의 제일 좋은 자리를 차지할 수 있었다. 호수가

프롬이 살던 마지막 집

여러 차례의 병마를 함께 이겨낸 프롬과 애니스는 여생을 보내기 위해서 스위스 마조레 호수가 보이는 곳에 집을 마련한다. 두 사람은 엘리베이터를 타고 집으로 올라갈 때마다 서로를 다정하게 응시하며 서로에 대한 무한한 애정을 표현했다고 한다. 이 집 앞에 서서 애니스와의 만남은 프롬이 평생을 꿈꾸던 진정한 사랑이 아니었을까? 하고 생각해보았다.

보이는 풍광이 너무나 아름답고 테신 특산물이라는 메를로 포도로 만든 백포도주는 정말로 맛있다. 날씨는 따뜻하고 파노라마 길을 한참 걸은 뒤라 몸도 노곤했다. 거리에는 사람도 자동차도 거의 없어 잠에 취한 마을처럼 정말로 조용하고 한적했다.

"프롬 부부가 이곳을 고른 이유도 이 한적한 분위기 때문이었을 거야. 아스코나, 루가노, 코모에서 살 수도 있었을 텐데 말이야."

"저 길모퉁이가 아스코나야. 조금 더 도시의 분위기를 느끼고 싶다면 하루쯤 저곳으로 소풍을 갈 수도 있겠지." 만프레트가 말한다. 실제로 다음 날 찾은 아스코나의 호숫가 산책길은 한 번쯤 가볼만한 곳이다.

아스코나의 구도심에 있는 집들은 높은 담 때문에 안을 들여다볼 수 없다. 세상과 담을 쌓고 사는 성곽 같은 느낌이다. 게다가 루가노는 너무 시끄러운데 주요 도로가 호숫가를 따라 나 있어서 더 그렇다. 호수에 큰 복싱링을 갖춘 무대가 둥둥 떠 있다. 해가 지면 거기서 경기가 열리는 것 같다. 이곳 사람들도 뭔가 즐길거리가 필요하겠지. 특히 젊은 사람들은.

"루가노는 밀라노 같아. 차는 막히고 먼지투성이고 악취에다 자동차 경적 소리에 관광객이 너무 많아 정신이 없어."

"맞아." 나는 살짝 머뭇대다가 만프레트의 말에 동의한다.

"각자 원하는 게 무엇이냐에 달렸겠지. 난 이곳의 카페에 앉아서 사람 구경하는 것이 좋아. 루가노는 정말 아름다워. 딱히 뭘 사고 싶은 마음이 안 들 정도로." 내가 말한다.

"없는 게 없으니까. 자연은 아름답고 음식은 맛있고 호수도 있고 산도 있고……."

홉족한 그의 시선이 호수와 산들 사이 어딘가로 향한다. 오늘 밤
저 산에는 날씨가 좋지 않다. 쾅 하는 천둥소리, 번쩍이는 벼락, 쏟
아지는 소나기.

자연이 보내는 경고

프롬은 우리 사회의 건강뿐 아니라 물질주의적 태도가 몰고 올
지구의 위험도 묵과하지 않았다. 메도즈Donella H. Meadows와 그의 동
료들은 1972년 로마클럽 보고서에서 기후변화를 과학적으로 입증
하고 '자연을 바라보는 새로운 자세와 새로운 윤리학이라는 의미에
서 인간의 기본 가치와 자세의 근본적 변화'[56]를 요구했다. "인류 역
사에서 처음으로 **인류의 신체적 생존이 급격한 정신적 변화에 좌우된
다.**"(『소유냐 존재냐』) 지금이야 기후변화를 의심하는 사람이 거의 없
지만, 프롬은 이미 40년 전에 지구의 약탈을 멈추라고 경고했다.

당시 그는 이산화탄소와 플라스틱 쓰레기, 원자력발전소의 가공
할 파괴력을 예상하지 못했을 것이고, 체르노빌과 후쿠시마의 원전
사고를 직접 경험하지도 못했다. 그러나 변화가 필요하다는 그의 호
통과 경고에도 변화에 동참한 이는 극소수에 불과했다. 오히려 독
일에서는 지난 20년 동안 자동차 생산량이 5,500만 대에서 9,500백
만 대로 늘었고, 소비 전력량 역시 날로 늘어나 풍력과 태양광만으
로는 수요를 채울 수 없어 화력발전소와 원자력발전소까지 가동되

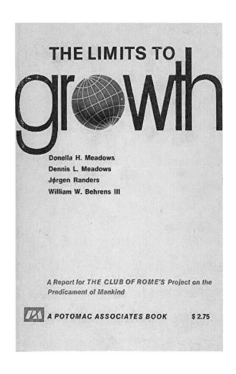

인간의 탐욕을 경계하는 로마클럽

1968년 전·현직 정치가, 기업가, 학자 등 52개국 100여 명의 지도자들이 인류의 지구의 지속
가능한 미래를 위해 문을 연 비영리 연구 기관이 로마클럽이다. 이들은 1972년 인간의 탐욕에
대한 경종을 울리고 경제 성장이 환경에 미치는 영향을 사람들에게 알리고자 보고서를 발표
하는데, 이 보고서가 바로 「인류 위기에 관한 프로젝트」다. 이를 바탕으로 『성장의 한계』(위의
사진)라는 책이 출간되었고, 일약 베스트셀러에 오르면서 로마클럽은 전 세계적으로 명성을
얻기 시작한다.

고 있다. 관광 수요가 폭증하고, 너무 많은 고기가 소비된다. 이 모든 것이 대기 중 이산화탄소량에 부정적 영향을 미쳐서 결국 우리의 생활 기반을 앗아간다.

삶의 기반을 살피라는 프롬의 이른 경고는 허사로 돌아갔다. 말년에 그는 직접 행동에 나서 생태 운동과 평화운동에 힘썼다. 그에게 감사할 점이 참 많지만, 앞으로는 우리 스스로 노력해 세상을 지금 이 상태로라도 유지시켜야 한다. 최근 학계에서는 어떻게 해야 인류가 지속적으로 살아남을 수 있을지를 고민한다. 이런 생태심리학의 발전 역시 프롬 같은 선구자들이 없었더라면 불가능했을 것이다.

왜 우리는 불나방처럼 무작정 불로 달려드는 것일까? 왜 변하지 않고, 왜 우리 후손들이 살아갈 이 지구를 구하지 않는 것일까? 프롬은 많은 이유를 들었지만, 그중에는 세계의 미래보다 지금 눈앞의 이익에 급급한 탐욕스러운 정치가들과 경제 시스템이 포함되어 있었다. "이 경제 시스템의 성장을 결정했던 것은 **인간에게 무엇이 좋은가?**라는 질문이 아니라 **시스템의 성장에 무엇이 좋은가?**라는 질문이었다."(『소유냐 존재냐』) 프롬은 이를 "약탈욕"이라고 불렀다.

마지막으로 그는 소유욕이 우리를 병들게 한다는 사실을 강조했다. "어떤 것을 영원히 소유한다는 말은 불변하고 불멸하는 물질이 있다는 착각 때문이다." 주체와 객체의 소송에서 패하여 인간은 객체가 된다. 객체, 소유물, 인간이 가진 것이 그의 정체성을 결정한다. 이런 "관계는 살아 있는 관계가 아니라 죽은 관계다." 그가 자주 언급하던 '질병-건강'의 차원은 그의 마지막 저서에서 '죽음-삶'의 차원을 통해 더 강화된다. 죽은 자의 숨결이 행간에서 느껴지는 것은 분명 그의 건강 상태 탓도 있을 것이다. "주면 잃지 않는다. 오히려 붙들고 있으면 잃는다."(『소유냐 존재냐』)

우리는 절충을 시도하고, 지속적 삶을 위해 노력한다. 많은 사람들이 채식을 선택하고 플라스틱을 포기하며 자연을 생각해서 대중교통을 이용한다. 하지만 이 모든 것도 충분하지 않다. 나는 몇 년 전부터 미니멀리즘을 추구하고 있지만, 그것만으로는 불충분한 것 같아 여전히 양심의 가책에 시달린다. 최근 독일의 여름은 연일 최고기온을 경신했으며, 많은 나라에서 비슷한 현상이 발생했다. 기후학자들은 온난화의 증거라고 주장했다. 다가오는 재앙의 발걸음 소리가 들린다. 어쩌면 일부는 이미 당도했을지도 모르겠다.

나 역시 프롬과 마찬가지로 행동 방식을 바꾼다고 해서 이 모든 것이 멈출 것이라고는 믿지 않는다. 플라스틱을 금지하고 항공 유류세를 인상하여 비행 요금에 환경부담금을 포함시키는 것은 좋은 일이다. 화력발전소를 폐쇄하고 고기 소비를 줄이는 것도 좋다. 하지만 그것만으로는 안 된다. 무엇보다 우리는 그 모든 제약을 포기라고 생각한다. 억지로 참아야 하는 고통스러운 일이라고 생각한다. 당연히 지속 가능한 삶을 실천할 의욕이 샘솟듯 솟아나지 않을 것이고 우리는 그렇게 제 손으로 제 무덤을 파고 있다.

프롬은 "새로운 인간"에게 "모든 형태의 소유를 포기하고 온전히 **존재**하겠다는 마음가짐"(『소유냐 존재냐』)을 요구했다. 그리고 인생 말년에 이르러 그것이 오직 **근본적인** 입장 변화가 있어야만 가능하다는 사실을 인정했다. 그러니 그가 불교 교리에 희망을 걸었던 것도 우연은 아니다. 그는 부처의 네 가지 성스러운 진리인 사성제四聖諦를 인용하며, 그것이 우리의 성격을 변화시켜줄 수 있을 것이라고 기대했다. 그래서 우리 모두가 불교의 근본 원리인 사성제, 고집멸도 苦集滅道를 잘 알고 이해해야 한다고 생각했다. 고는 인생의 고통, 집은 번뇌의 집적, 멸은 번뇌를 멸하여 없게 하는 열반涅槃, 도는 열반에 이르는 방법을 뜻한다.

"인생은 괴로움苦이다. 우리는 괴롭고 그 사실을 알고 있다."

"그 괴로움은 어디에서 오는가? 우리는 괴로움의 원인을 깨달았다."

"우리는 괴로움을 극복할 가능성을 본다."

"괴로움을 극복하려면 특정 행동 규범을 체득하고 생활을 바꾸어 한다는 사실을 깨닫는다."(『소유냐 존재냐』)

이 모든 것을 깨달은 새로운 인간은 소유를 외면할 것이고 증오와 탐욕과 파괴가 없어도 자신을 느끼고 자신의 고통을 줄일 수 있으며 자연과 타인과 자신을 더 신중하게 대할 것이고 지구를 보호할 것이다.

시간이 촉박하다. 최근에 한 기후학자가 텔레비전에 나와 말하기를, 20층 건물에서 떨어지는 남자가 2층을 지나며 '아직은 다 괜찮아'라는 농담을 했다고 한다. 이 남자는 기후변화를 대하는 우리 인류의 모습이다. 되돌릴 수 있을까?

우리를 병들게 하는 소유욕

프롬의 사상은 많은 사람들에게 영감을 주었고 지금도 그러하다. 그의 이론이 없었더라면 그를 반박하려는 움직임까지 포함하여 수많은 현대 이론이 탄생하지 못했을 것이다. 프롬이 세상을 뜬지 채 50년도 지나지 않아 나는 『소유는 존재와 더불어 무엇을 하는가』*를 발표하여 나의 이론 HABST, Having and Being Selfregulation Theory를 소개했다.[57] 이 이론은 소유 목표 혹은 존재 목표라 부를 수 있는 인간의 인생 목표를 다룬다. 심리학에서 말하는 목표란 이미 달성하여 보존 및 유지하려는 상태 혹은 앞으로 달성하고 싶은 상태다.

나는 물질적 자산을 포함하는 소유 목표와 물질과는 아무 상관없는 존재 목표를 구분한다. 그러나 언어의 차이가 중요한 것이 아니다. 세계 많은 언어에서 존재 상태를 소유의 보조동사 'have'를 이용해 표현한다. 예를 들어 영어의 'I **have** a family'라는 말은 인간을 소유한다는 의미가 아니다. 반대로 'I **am** rich'라는 표현처럼 'be동사'로도 물질적 소유를 표현할 수 있다. 어떤 보조동사를 사용하건, "돈을 가지다"나 "부자다"라는 말은 소유의 목표이며, "가족을 갖는다"라는 표현은 존재의 목표일 것이다. 많은 존재 목표가 동사 'have'로 표현된다는 사실이 물질주의의 신호는 아니다. 나는 그런 식의 언어 해석에 반대한다. 언어는 자의적일 때가 많기 때문이다.

---

* 국내에서는 『소유와 포기의 심리학』이라는 제목으로 2016년에 출간했다. ─옮긴이

이를테면 누군가 "나는 돈을 많이 가졌다"라고 말했을 때와 "나는 부자다"라고 말했을 때, 나는 둘의 차이를 느끼지 못한다. 표현만 다를 뿐 결국 의미는 같기 때문이다.

심리학자로서 나는 **어떤** 메시지가 전달되는가에 더 관심을 둔다. 이것이 시스템학자인 나와 끊임없이 상징·신호·표시를 해석하는 정신분석학자와의 차이점이다. 물론 나도 누군가가 자신의 목표에 대해 **어떻게** 생각하며 **어떻게 그것을 구성하는지**에 관심을 갖는다. '작가'와 '생산부 부장'이라는 직업 목표는 그 직업이 가져다줄 물질적 측면을 주로 보는가, 아니면 그 직업을 자아실현의 가능성으로 보는가에 따라 소유 목표로도, 존재 목표로도 구성될 수 있다. 실제로 많은 목표가 존재 측면과 소유 측면을 모두 갖는다. 이럴 경우 나는 어느 쪽의 비중이 큰가를 알아내는 데 주력한다.

소유나 존재 중 어느 쪽이 강한지는 사회화 과정에 달렸고, 따라서 그것은 인격의 확고한 구성 요인이지만 즉흥적으로 소유나 존재 중 한 측면이 강해지는 상황도 있다. 온갖 물건이 그득한 대형 마트에 가거나 쇼핑가를 산책할 때는 교회나 박물관에 갔을 때보다 훨씬 빠르게 물질주의적 욕망이 깨어난다. 또 매우 물질주의적인 주변 사람을 통해 돈이나 물건 이야기를 자주 접하게 되면 그렇지 않았던 사람도 소비의 욕망이 깨어날 수 있다. 주변 사람들과의 관계를 생각해 소유 목표로 자주 눈을 돌리게 될 테니까 말이다.

HABST와 프롬 이론의 또 다른 차이로는 메타 이론적 근거와 주요 심리학 콘셉트의 선택을 꼽을 수 있다. HABST는 심리역동적 기반이 없어도 가능하다. 소유 목표로 눈을 돌린다고 해서 특정 발달

단계에 고착되었거나 충동이나 감정을 억압한 것이 아니라 특정 사회나 가족 안에 살면서 그 가치관을 모방했기 때문이라고 본다.

더구나 프롬은 소유와 존재를 입장으로 생각했다. 그가 세상을 뜨고 수십 년이 지난 후 사회심리학자들은 한 사람의 목표를 정확하게 예언할 수 있는 것은 그의 입장이 아니라 행동이라는 사실을 깨달았다. 예를 들어 흡연자가 금연을 할 확률이 얼마나 높은지 알고 싶으면 흡연에 대한 그의 의견을 묻는 것보다 실제로 금연할 생각이 있는지를 묻는 편이 훨씬 정확하다. 흡연을 긍정적으로 생각하는 흡연자를 거의 만난 적이 없지만 그럼에도 대부분이 금연에 성공하지 못한다. 누군가 내게 "금연하고 싶어"라고 말한다면 당장 담배를 끊지 않더라도 단순한 부정적 입장보다는 행동으로 이어질 가능성이 훨씬 높다. 따라서 설문지를 만들 때는 어떤 것을 좋게 혹은 나쁘게 평가하는지를 묻지 않고 어떤 일을 할 것인지, 적어도 할 계획은 있는지를 묻는 것이 좋다. 예를 들어 "유기농 채소를 사는 것이 합리적이라고 생각합니까?"라고 묻지 않고 "유기농 채소를 얼마나 자주 구입합니까?" 또는 "언제 유기농 야채를 구입할 생각입니까?" 혹은 "유기농 제품 구입을 언제 시작할 예정입니까?"라고 묻는다. 소비자가 실제로 유기농 야채를 구입할 것인지를 예상하고 싶다면 목표나 의도를 묻는 이 세 질문이 훨씬 도움이 될 것이다.

나아가 목표는 입장과 달리 확장이 가능하다. 목표는 수단을 통해 달성되기 때문이다. 벽에 못을 박으려면 망치가 필요하고, 파트너를 도와주려면 그의 말을 들어야 한다. 존재 목표와 소유 목표는 자유롭게 소유 수단 및 존재 수단과 결합할 수 있다.

HABST는 소유 수단을 "물질적 자산의 획득이나 사용을 통해 어떤 것을 달성할 수 있게 만드는" 수단으로 정의한다. 음악으로 자신을 표현하고 싶거나 돈을 벌기 위해 바이올린이 필요하다면 그 바이올린은 소유 수단이다. 어떤 것이 되거나 될 수 있으려면 공간, 수송 수단, 특수한 물건 같은 것이 필요하고 비용을 투자해야 한다. 그러니까 우리는 소유 수단을 이용해서 소유 목표(예를 들어 물감이나 캔버스를 구입해서 그림을 그려 돈을 벌 수 있다)나 존재 목표(예를 들어 물감이나 캔버스를 구입해서 자신을 표현하거나 자기 감정을 전달할 수 있다)를 달성할 수 있는 것이다.

존재 수단은 물질적 자산을 투입하지 않는다. 공부, 사랑, 소통이 그런 수단일 것이다. 나는 의식적으로 자신의 이익을 줄이는 자발적인 나눔도 여기에 포함시킨다. 그러나 가끔은 무언가를 가지고 싶거나 자아실현을 원하는 데도 존재 수단을 동원해야 할 때가 있다. 예를 들어 교육 수료증이 경제적 안정이나 소유 목표의 도달을 돕는 수단이 된다. 물론 존재 수단이 예술적 발전이나 개인의 발전처럼 존재 목표의 도달에 도움을 줄 수도 있다. 이렇듯 존재 수단은 존재 목표와 소유 목표 모두의 달성에 사용될 수 있다. 따라서 수단을 목표와 결합시키면 다음과 같이 네 가지 상태가 나온다. 소유를 위한 소유, 존재를 위한 소유, 존재를 위한 존재, 소유를 위한 존재.

프롬이었다면 아마 **소유를 위한 소유**를 가장 불행한 조합이라고 예상했을 것이다. 그는 소유로 인해 오염된 모든 상태를 비판했을 테지만, **존재를 위한 소유**의 기능적 필요성에 대해서는 인정했을지도 모르겠다. 예를 들어 위대한 예술 작품은 (많은) 경제적 지출이 없으면 불가능할 테니까 말이다. 프롬이 생각하는 깨달음과 웰빙의 왕도는 분명 **존재를 위한 존재**일 것이다. 그러나 HABST에 따른 목표 콘셉트의 분석은 다른 예언을 내놓는다. 수단과 목표가 일치하면 의욕이 샘솟고 기분이 좋다는 사실을 다들 알고 있기 때문이다. 그러므로 프롬의 예언대로 **존재를 위한 존재**도 유리한 상태지만, **소유를 위한 소유** 역시 좋은 짝일 수 있다. 실제로 물질주의 연구 결과를 보면 물질주의는 전반적으로 불행을 안기지만 예외도 있다. 물질주의가 인정을 받는 환경에 사는 물질주의자는 매우 행복할 수 있는 것이다.

심리학자 버로스James E. Burroughs와 린트플라이슈Aric Rindfleisch는 물질주의자들을 괴롭히는 것은 주로 가치 갈등이라고 주장했다.[58] 이 두 학자는 세계 곳곳에서 실험을 실시하여 물질주의를 높이 사는 나라에 사는 물질주의자들이 더 행복하다는 사실을 발견했다. HABST는 혼합 형태에 가장 나쁜 점수를 준다. **존재를 위한 소유**는 마음이 편치 않을 것이다. 자아실현을 도와줄 대학의 등록금을 마련하기 위해 직장을 다녀야 하는 사람은 행복하지 않을 것이다. 존재 목표에서 멀어진 채 재미없는 일을 해야 하니까 말이다. **소유를 위한 존재** 역시 기쁘지 않은 혼합 형태다. 고소득이 보장된 직업을 얻기 위해 일단 학교에서 공부를 해야 한다면(학교 공부가 무료라면 존재 수단이다) 내적 동기가 샘솟지 않을 것이고 최대한 적은 노력(혹은 재미)으로 교과과정을 통과하려 할 것이다. 그들보다는 공부를 위해 공부를 하는 사람(존재를 위한 존재)이 훨씬 더 행복할 것이다.

학문은 항상 활기찬 토론의 현장이기에 프롬 역시 자신의 사후에 나온 연구 결과를 기틀로 삼은 내 연구 결과를 보고도 화를 내지 않을 것이라고 생각한다. 그의 이론 덕분에 학자들은 물질주의를 심리학적으로 연구하게 되었고, 몇 가지 예언은 반박되었을망정 프롬의 공을 부인할 사람은 없을 것이다. 정신분석의 몰락도 프롬의 책임이 아니다. 오히려 그는 몇 가지 혁신적 이론으로 정신분석의 몰락을 지연시켰다.

소유냐 존재냐

프롬의 세 번째 베스트셀러인 『소유냐 존재냐』는 지금도 전 세계적으로 연간 수천 명이 읽고 있다. 나는 스무 살 때 이 책을 처음 읽었고 마흔다섯 살에 다시 이 책의 진가를 발견했으며 이 책 덕분에 여러 번 인생이 바뀌었다. 프롬의 전작을 집중 연구하는 지금은 이 책이 그의 필생 과업을 정리 요약한 작품이라는 사실을 알게 되었다. 프롬의 후기 작품에는 새로운 측면이 거의 없는데 이 책 역시 마찬가지다. 책도 얇고 읽기에 수월하다. 특별한 지성이나 선지식이 없어도, 시간을 많이 들이지 않아도 쉽게 이해할 수 있다. 이 책은 프롬의 사상을 추려 뽑은 천재적인 정수이자 가장 바람직한 의미의 대중 이론서다.

프롬은 **소유의 실존 양식**을 건강하지 않고 윤리적이지 않으며 웰빙을 선사하지 못하는 태도라고 했다. 그는 존재와 소유를 서로 배척하고 대립되는 태도로 보았다. 이 책에서도 그는 다른 책들과 마찬가지로 마르크스의 사회주의 관점과 기독교 전통, 특히 신비주의 전통에서 논의를 펼친다. **존재**는 **소유**와 대립되며 가상, 거짓, 억압된 것, 그릇된 것의 반대말이다. 존재 방식은 학습, 기억, 말, 독서, 지식, 믿음, 사랑 같은 적극적 활동이며, 이 활동의 동기가 물질적 측면이나 거짓된 측면이 아니어야 한다. 물론 프롬은 진짜로 행복을 약속하는 행위가 소유 방식으로 상품화될 수 있다는 사실도 모르지 않았다. 앞서 이야기했듯 우리는 타인을 도구화할 수 있다. 마찬가지로 신분 상승을 위해, 소득을 높이기 위해, 노동 시장에서 가치를 높이기 위해 지식을 습득할 수도 있고, 자본주의 시장 논리에 따라 사랑은 할 수도 있다.

프롬은 『선과 정신분석』에서 탐욕을 부리면 깨달음이나 웰빙이 불가능하다고 주장했다. 앞서 이야기한 것처럼, 『소유냐 존재냐』에서는 소비재의 탐욕적 점유 과정을 '내사' 혹은 '동화'라고 불렀다. 이 책은 프롬의 저서를 통틀어 유아기적 소유욕을 가장 많이 비판한 작품이다. 프롬은 존재를 행복을 주는 유일한 대안으로 제시했다. 요즈음에는 탐욕을 유년기의 성장 단계와 연관시키는 학자들이 거의 없다. 프롬이 이 후기 저서에서도 이런 정신분석의 기반을 고집한다는 사실은 살짝 놀랍다. 그의 후기작들에서는 평가에 무관심한 시스템적이고 불교적인 태도가 날로 짙어진다. 나는 그가 이 책에서 정신분석을 활용한 이유가 물질주의를 병으로 평가하기 위해서였을 것이라고 추측한다. 다른 현대 이론은 그런 평가의 기초를 제공하지 못했을 테니까 말이다. 내가 보기에 프롬은 이 책에서 학문보다는 마지막 사명, 세상을 구하려는 마지막 절망적 노력에 더

치중한 것 같다.

물론 물질주의가 인간을 병들게 한다는 생각이 완전히 잘못되었다는 말은 절대 아니다. 많은 현대 물질주의 학자들이 물질주의자는 행복하기 힘들다는 주장에 동의한다. 이 주제에 관해서라면 디트마르Helga Dittmar[59]를 필두로 방대한 메타 분석이 나와 있고 모두가 소유의 결과는 오직 더 많이 갖고 싶은 욕심이라는 사실을 입증한다. 이렇듯 계속 높아지는 부의 기준 밑바탕에는 남들과 비교하려는 욕망이 깔려 있다. 남과 견주었을 때, 내가 더 많은 재산을 가지고 있어야 기쁨을 느낀다. 하지만 나보다 돈이 많은 사람은 항상 있기 마련이므로, 이러한 비교는 패배가 예견된 싸움이다. 더구나 『소유는 존재와 더불어 무엇을 하는가』에서도 말했듯[60] 대부분의 사람들이 잘 살려고 열심히 일하지만 삶의 끝은 (심한 경우 인생 중반에서 이미) 번아웃과 우울증과 탈진이다. 하는 수 없이 경쟁에서 발을 빼거나 고단한 치료를 마친 후 새로운 인생을 시도한다.

'다운사이징'. 출세의 사다리에서 내려오겠다고 결심하거나 아예 수입은 적지만 덜 고된 직종으로 이직을 하려는 추세가 유럽과 아시아의 새로운 트렌드다. 해마다 이런 선택을 하는 최고경영자나 일반 직원들의 숫자가 늘어나고, 파트타임이 인기 직종으로 부상한다. 국민 전염병 1호인 번아웃은 고독을 동반하는 경우가 많다. 일만 하다 보니 인간관계가 다 끊어지고 심지어 가족에게서도 외면받는다. 도통 집에 들어오지 않는 배우자와 어떻게 가정을 꾸리겠는가. 고립과 고독은 다시금 관계가 필요한 사회적 인간인 우리의 정신 건강에 독이 된다.

이러한 관점에서 프롬이 대안이라고 생각할 수 있을 것이다. 그는 마지막 순간까지 그 대안을 마련하기 위해 노력했다. 『소유냐 존재냐』는 그가 죽기 4년 전인 76세 되던 해에 나왔다. 하지만 내가 상상하는 그는 마지막 순간에도 결코 허둥대지 않았을 것이다. 내가 상상하는 말년의 그는 느긋하게 발코니에 앉아 호수를 내려다보는 행복하고 편안한 사람이다. 다정한 눈길로 아내를 바라보는 사랑에 빠진 사람이다. 이 사랑스럽고 현명한 아내와 신과 세계를 이야기하며 환하게 웃는 활기차고 깨인 사람이다. 수많은 위기를 용감하게 뛰어넘었고 일찍부터 위기를 성장의 기회로 바라볼 줄 알았던 열정적인 사람이다. 내가 상상하는 그는 열정을 다해 일하고 자신의 작품을 만족스럽게 되돌아볼 줄 알았던, 자부심 넘치는 사람이다. 그를 영원히 살게 하고, 또 우리 모두를 살게 해줄 그 작품을.

위대한 영혼의 안식처, 마조레 호수

그럼에도 인생은 아름다워

마조레호는 너무 아름다워서 보고 있으면 가슴이 뭉클하다. 밤이면 몇 초 간격으로 번개가 물에 비치고, 이불을 둘러쓴 채 발코니에 앉아서 저 멀리서 펼쳐지는 연극을 보고 있노라면 검은 물이 약간 으스스하게 느껴진다.

이 호수는 프롬의 무덤이다. 이곳에 재를 뿌려달라는 것이 그의 마지막 뜻이었다. 지금의 독일 사람들은 이상하게 생각하지 않지만 당시만 하더라도 남다른 유언이었다. 게다가 유대교에서는 (가톨릭도 마찬가지지만) 깨끗한 묘지에 매장을 하는 것이 일반적이기 때문에 화장 자체가 낯선 풍습이었다.

우리가 묵은 호텔과 그의 마지막 거처 중간에 진기한 상징처럼 자리한 공동묘지에는 깨끗하게 닦인 화려한 대리석 무덤들이 즐비하고, 무덤을 덮은 꽃장식도 다채로웠다. 작은 대리석 판으로 막아

놓은 유골함을 다시 담으로 둘러 보관한 무덤도 몇 곳 눈에 띄었다. 프롬은 이 모든 것을 원치 않았다. 그저 죽은 후 사랑했던 자연으로 돌아가고자 했다. 재는 순식간에 물에 흩어져 물고기나 게의 밥이 되었다가 다시 자연으로 돌아갔을 것이다. 생명의 영원한 순환.

특이하게도 이곳에는 프롬의 흔적이 없다. 다른 도시와 달리 그가 살았던 집을 소개하는 안내판도, 그를 추억하는 기념비도 하나 없다. 물론 이러한 사실은 프롬과 잘 어울린다. 물질적인 것에 관심을 두지 않았던 그였으니까 말이다. 그는 자신에게 바치는 조각상이나 자신의 이름을 딴 도로가 없어도 자신이 사람들에게 잊히지 않을 존재라는 사실을 알았을 것이다.

설사 그의 무덤이 있어 내가 가서 꽃을 바쳤더라도 참 웃긴 짓이라는 생각이 들었다. 그 꽃은 아마도 아프리카에서 맹독성 농약을 뿌려 키웠을 것이고 현대판 노예들이 비인간적인 노동환경에서 수확하여 이산화탄소를 뿜어내는 비행기에 실어 이곳으로 가져왔을 테니 말이다.

이튿날 나는 신발을 벗고 맨발로 호수에 들어갔다. 먼저 손가락으로 물을 쓰다듬은 후 발가락부터 시작해 발꿈치까지 담근 다음 장딴지가 잠길 때까지 걸어 들어갔다. 프롬에게 지금보다 더 가까이 다가갔던 적은 없었다. 멕시코에서 800구 이상의 해골이 발견되었다는 샘에서 헤엄치던 기억이 났다. 당시나 지금이나 경건한 느낌은 없다. 이것은 그냥 물일 뿐이다. 객관적으로 보면 공기 중에도 죽은 자의 미립자가 날아다닌다. 그러니까 우리는 숨을 쉴 때마다 조상들의 미립자를, 카이사르와 우리 할아버지 할머니와 간디, 예수의 미립자를 들이마신다. 그 무엇도 죽어 사라지지 않는다.

프롬이 묻힌 물에 발을 담그고 있으려니 이곳이 더 아름답게 느껴졌다. 나는 아직 어디에 묻힐지 결정을 내리지 않았다. 일단은 지금 누릴 수 있는 이 모든 것에 감사할 뿐이다. 이번 여행은 모든 것이 선물이었다.

"그도 죽는 게 겁났을까?" 만프레트가 물었다.

"그랬겠지. 적어도 말년에는 자기감정을 한껏 표현하며 살았을 테니까. 늘 그래야 한다고 주장한 사람이잖아. 그래도 죽음을 받아들이는 게 어렵지는 않았을 거야. 삶도 '소유'하는 것이 아니라고 생각했으니까. '삶에 집착하지 말고 삶을 소유물로 생각하지 말라'는 에크하르트의 조언을 실천한 사람이니까."(『소유냐 존재냐』)

"말은 쉽지." 만프레트는 '이 무덤'에 발을 담그려고 하지 않았다. 나는 물에서 나와 발을 닦았다.

"그래서 무랄토였는지도 모르겠어. 여기서는 지구에 부담만 되는, '죽기 전에 꼭 가져봐야 한다'는 쓸데없는 물건들이 유혹하지 않잖아. 여기선 그저 숨 쉬고 커피 마시고 공기를 즐기면 되잖아. 이곳에서는 내려놓기가 쉬울 것 같아." 서서히 내리는 일몰을 바라보며 나는 이 구절을 낭송했다. "죽음으로의 인도는 삶으로의 인도와 같다. 온갖 형태의 소유욕을 버릴수록 죽음에 대한 공포도 줄어든다. 잃을 것이 하나도 없기 때문이다." 우리는 깊게 숨을 쉬면서 상큼한 해초 냄새가 살짝 섞인 재스민과 라벤더의 향기를 들이켰다. 그리고 둘이 동시에 외쳤다.

"인생은 아름다워."

에리히 프롬 생각의 키워드

01 물질주의

심리학에서는 물질주의를 수입과
지출에 대한 관심 혹은 일종의 몰두
라고 정의한다. 물질주의는 세속적
인 소유를 중시하는 태도로, 보통 세
가지 양상을 띤다. 첫째, 주관적인
소유와 소비를 중시한다. 둘째, 소유
와 행복이 연관되어 있다고 생각한
다. 마지막으로, 소유가 성공을 증명
한다고 확신한다. 그러나 연구 결과
에 따르면 물질주의적인 사람은 그
렇지 않은 사람들에 비해 삶의 만족
도가 떨어진다.

소유욕을 불러일으키는 파크 애비뉴의 쇼윈도

02 소유와 존재

　프롬은 소유와 존재를 서로의 손을 마주 잡을 수 없는 두 가지 실존 양식이라고 설명했
다. 여기서 그가 말하는 실존 양식이란 인간이 특정한 문화적 맥락에서 발전시키는 자세
로, 프롬은 존재의 실존 양식이 더 큰 행복과 건강, 만족스러운 인간관계를 가져다준다고
주장했다. 소유의 실존 양식은 주로 부정적인 영향을 미쳐서 몸과 마음의 건강을 해치고
공격성과 고독과 나태를 부추긴다. 그러나 나는 실존 양식이 자세라기보다 목표라고 본다.
다시 말해 인간은 소유의 목표를 좇거나 존재의 목표를 좇는다.

03 권위적 성격

프롬은 1930년대에 독일 노동자를 대상으로 경험 연구를 실시하여 그들에게서 사디즘과 마조히즘 특성을 동시에 품는 권위적 성격을 발견했다. 권위적 성격은 맹목적이고 무비판적으로 권위를 인정하고 큰 고민 없이 권위에 충성한다. 동시에 약자를 괴롭혀 자신의 불안을 해소한다. 이런 사람들은 자신을 높였다가 낮추기를 반복한다. 다시 말해 자존감의 등락이 극심하여 마조히즘 특성을 드러내는 시기에는 너무나 친절하고 사랑스러운 모습이 될 수 있다. 권위적 성격은 정신적 순응주의가 특징이기 때문에 자신과 조금이라도 다르게 생각하는 사람들이나 기존의 규범에서 약간이라도 벗어나는 행동을 참지 못한다. 낯선 사람과 풍습, 혁신은 물론이고 지적 도발조차 거부한다. 이러한 체제 유지의 성향 탓에 스테레오타입은 설사 미신이라 하더라도 오래오래 전승되며 반대로 창의적이고 예민하고 예술적인 것은 모조리 거부당한다. 프롬은 그 이유를 자유에 대한 두려움이라고 보았다.

1930년대 독일의 노동자

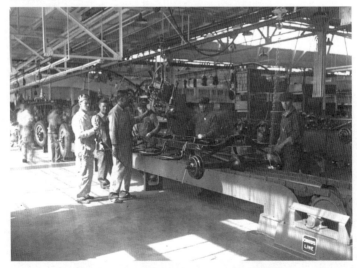

04 파시즘

'파시즘' 하면 히틀러의 테러 정부를 떠올리기 쉽지만, 원래 이 말은 1922년부터 1945년까지 이탈리아에서 무솔리니가 일으켰던 비민주적인 정치 운동을 일컫는 용어다. 1920년대부터는 극단적 민족주의, 독재, 지도자 원칙을 따르는 모든 반反자유주의 운동, 이데올로기 혹은 지배 체계에 널리 사용되었고, 특히 일본(1926년에서 1945년까지)과 독일(1933년부터 1945년까지)의 독재 정부에 적용할 수 있는 개념이다. 한편 네오파시즘은 1945년 이후 파시즘의 전통을 이어받은 사상의 흐름과 정당을 말한다.

1937년 독일에서의 무솔리니(왼쪽)와 히틀러

05 구성주의

구성주의는 인간의 지식이 적극적-구성적 성격을 띤다고 주장하는 심리학의 여러 이론들을 통합한다. 구성주의에 따르면 정신은 수동적으로 주변 세상의 내용을 수용하여 현실의 복사본을 만드는 것이 아니라, 적극적인 인식과 사고 과정을 통해 주변 세상의 이미지를 만들며, 결국 이것이 기억에 저장된다. 구성주의자들은 인간이 어떻게 시스템을 창조하며 이 시스템으로 경험을 이해하고 정리하는지에 관심을 기울인다. 그래서 이들은 심리 치료를 할 때 환자가 세상을 어떻게 인식하는지를 캐묻고 이를 통해 환자의 세상이 갖는 개별적 의미를 이해하려 노력한다. 이러한 접근법은 사건을 해석하고 인식하는 방식으로부터 문제가 발생할 수 있다는 가정에서 출발한다.

06 합리화

심리학에서 합리화란 어떤 행동에 그럴싸한 합리적 근거를 가져다대는 정신적·구성적 과정을 일컫는다. 특히 비윤리적인 행동과 실패에 내적 핑곗거리를 찾기 위해 자주 이용된다. (예를 들면 "굶어 죽기 싫어서 도둑질했어." "이웃 나라가 쳐들어올 것 같으니까 전쟁을 시작했지.") 객관적으로 볼 때는 의문스럽고 심지어 틀렸을 수도 있지만 합리화는 자기 조절에 기여한다. 다시 말해 실수를 저지르고도 자존감을 지킬 수 있고 더불어 죄책감을 막을 수 있게 도와준다. 그렇기에 합리화는 그 자체로는 장애라고 볼 수 없는 보편적이고 인간적인 행동이다.

07 인문주의

프롬은 '소외'가 현대인의 질병이라고 주장했다. 권력 추구, 향락 중독, 소유는 사랑과 기쁨과 인격의 성장을 가로막는다. 불안은 사랑할 수 없기에 생기며, 현대인은 공허한 격무로 도피한다. 인문주의는 자아실현을 추구하고 달성해야 마땅하지만 사회적 규범과 법과 터부로 인해 자기의 정체성을 찾지 못하는 인간, 느끼고 고통받고 생각하며 살아 숨 쉬는 인간을 중심 범주로 생각한다. 프롬은 사랑을 인격의 성장으로 가는 문을 열 수 있는 열쇠로 보았고, 사랑의 실천은 인간을 온전히 인간으로 만들며 인간에게 삶의 기쁨을 선사하는 가장 인간적인 행위라고 생각했다.

08 자아실현

심리학에서 자아실현은 자신의 목표, 동경, 소망을 가장 폭넓게 실현하는 것을 말한다. 인간은 자유를 사랑하는 존재이기에 인간의 행동은 식욕과 성욕 같은 기본욕구뿐만 아니라 자신의 본성을 온전히 펼쳐나가려는 순수 인간적인 상위 욕구에도 크게 좌우된다. 나아가 인간은 개별적으로 주어진 가능성과 재능을 활짝 펼치고자 한다. 그래서 자아실현의 길이 막히면 몸도 마음도 병이 든다.

에리히 프롬 생애의 결정적 장면

1900 유대인 집안에서 태어나다

3월 23일, 프롬은 와인 상인인 나프탈리 프롬 과 로자 크라우제 사이에서 외동아들로 태어난 다. 친가와 외가 모두 정통 유대교 집안으로, 특 히 랍비였던 할아버지와 『탈무드』 학자였던 삼 촌 등에게서 유대교의 율법을 배우며 성장한 다. 덕분에 프롬은 랍비들에게서 많은 감화를 받을 수 있었다고 한다.

유대교의 율법학자인 랍비

1918 프랑크푸르트대학교에서 법학을 공부하다. 이 대학에서 랍비인 네헤미아 노벨 박사를 만나 배움을 얻다.

1919 하이델베르크대학교에 입학하여 알프레드 베버, 카를 야스퍼스, 하인리히 리케 르트 등에게서 사회학과 심리학 그리고 철학 등을 배우다.

1919 독일이 연합국과 베르사유조약을 체결하다

프롬이 열네 살 되던 해에 제1차 세계대전이 일어난다. 프롬은 광기마저 느껴질 정도로 격 렬하게 번져나가는 전쟁을 목도하면서, 인간이 어떻게 이렇게도 비인간적이고 잔인한 전 쟁을 일으킬 수 있는지에 대해 의문을 가지기 시작한다. 전쟁은 1918년 독일이 항복하고 이듬해에 '베르사유조약'이 체결되면서 끝이 난다.

6월 28일, 독일은 전후 문제를 처리하기 위해 프랑스 베르사유궁전에서 연합국과 강화조 약을 체결한다. 이 조약이 바로 베르사유조약이다. 독일인들은 전쟁의 책임이 독일에 있다고 규정하는 것은 물론 독일의 영토 축소, 군비 제한, 배상 의무 등 일방적이면서도 불공정하고 불합리한 조항으로 가득한 이 조약을 '베르사유의 망령'이라고 부른다. 독일인들은 분노를 넘어서 연합국에 대한 적개심을 품게 되고, 히틀러는 독일 내 여론을 교묘히 이용하여 권력을 획득한다. 그 결과 독일은 전 세계에 씻을 수 없는 또 한 번의 잘못을 저지르게 된다.

베르사유조약

1922   하이델베르크대학교에서 사회학으로 박사 학위를 취득하다.

하이델베르크

1924 정신분석학에 눈을 뜨다

프롬은 하이델베르크에서 프로이트의 정신분석학을 치료에 응용하고 있던 프리다 라이히만 밑에서 일하며 본격적으로 정신분석학을 접하게 된다.

프로이트를 중심으로 한 심리학자들의 모임

1926 열한 살 연상의 라이히만과 결혼하다.
1927 처음으로 자신의 임상을 시작하다.

1929 프랑크푸르트 사회연구소에 들어가다

프랑크푸르트 사회연구소에 들어가 정신분석학과 사회심리학 분야의 연구를 담당하던 프롬은 마르크스의 이론만으로는 여러 가지 사회현상들을 설명할 수 없다는 것을 알고, 프로이트의 정신분석학을 사회현상 분석에 적용하기 시작한다.

프랑크푸르트 사회연구소

1932 사회심리학의 새 지평을 열다

프로이트와 마르크스의 사상을 종합하려 한 프롬의 노력은 연구소 기관지인 《사회연구》 창간호에 발표한 「분석적 사회심리학의 방법과 과제」에 잘 드러난다. 프로이트가 개인의 무의식 속에 자리한 본능을 강조한다면, 마르크스는 자신만의 독창적인 유물론적 역사관을 제시하며 사회의 경제적 요인을 강조한다. 프롬은 프로이트 이론과 마르크스 이론을 받아들여 '사회적 성격'이라는 새로운 개념을 만들어낸다. 사회적 성격에 의하면, 개인의 성격은 인간 본성에서 비롯함과 동시에 사회구조에 적응해가면서 형성된다.

마르크스 사망 100주기 기념주화

1933 나프탈리 프롬이 세상을 떠나다.

컬럼비아대학교 도서관

1934 미국으로 망명하다

연구소가 폐쇄되는 등 나치의 유대인 탄압이 나날이 심해지자, 이를 견디다 못한 프롬은
미국으로 건너간다. 그가 뉴욕에 도착한 때가 5월 31일이었다. 절망적인 현실에서도 그는
컬럼비아대학교의 부속기관이 된 사회연구소에 들어가 연구를 이어나간다.

1938 호르크하이머, 아도르노와의 학문적 견해 차이를 좁히지 못하고 연구소 연구원
       직에서 물러나다.

1939 제2차 세계대전이 발발하다.

1940 5월 25일, 미국 시민권을 획득하다.

1941 『자유로부터의 도피』를 발표하다

『자유로부터의 도피』는 자유를 견디지 못하는 근대인의 모습을 비판적으로 분석하며, 독
일인들이 나치즘을 희구하게 된 까닭을 사회심리학적 관점에서 풀어낸 책이다. 프롬은 이
책에서 자유가 근대인에게 독립성 등을 가져다주기는 했지만, 한편으로는 개인을 불안하
고 무기력한 존재로 만들었다고 설명한다. 그는 이 책으로 대중들에게 이름을 각인시키며
세계적인 베스트셀러 작가로 유명세를 얻는다.

1944   7월 24일, 헤니 구를란트와 결혼하다.

1947   『자유로부터의 도피』의 후속작이라고 할 수 있는 『자기를 위한 인간』을 발표하다.

1950   6월 6일, 헤니의 건강 회복을 위해 거주지를 멕시코시티로 옮기다.

과거와 현재가 공존하는 멕시코시티

1951   멕시코국립자치대학교 교수로 재직하다.

1952   6월 4일, 헤니가 세상을 떠나다. 또한 친구이자 동료인 카렌 호나이가 세상을 떠나다.

1953   애니스 프리먼과 결혼하다

헤니의 죽음으로 심각한 정신적인 타격을 입고 무기력한 나날을 보내던 프롬은 애니스 프리먼을 만나 차츰 안정된 생활을 누리게 된다. 프롬의 전기 작가들은 입을 모아 애니스가 "프롬의 삶을 풍성하게 살찌운 축복"이라고 말한다. 12월 18일 결혼한 두 사람은 동반자로서 30여 년을 함께하며, 프롬은 애니스를 향한 사랑을 『사랑의 기술』에 녹여낸다.

미국 사회당Socialist Party of America에 가입하여 반전·반핵을 주창하는 평화운동에 참가하다. 이해에 『건전한 사회』를 출간하다.

1956 『사랑의 기술』을 출간하다

'사랑'을 학술적으로 연구하는 심리학자들이 있지만 사랑에 관해 본질적인 통찰을 보여준 이는 프롬이 유일하다고 이야기할 수 있다. 프롬은 『사랑의 기술』에서 현대인들의 사랑에 대한 잘못된 관점을 꼬집으며, 사랑은 학습이 필요한 지식이며 기술이라고 설파한다. 또한 사랑의 관계에서 '자신의 사랑에 대한 믿음, 자신의 사랑이 상대의 사랑을 불러낼 수 있다는 믿음 그리고 그 사랑의 신뢰성에 대한 믿음'이 중요하다고 강조한다.

1956 쿠에르나바카에서 인생의 2막을 열다

멕시코시티에서 약 70킬로미터 떨어진 쿠에르나바카로 거주지를 옮긴 프롬은 이곳에서 열여섯 권의 책을 썼고, 수많은 논문과 선집을 내는 등 저술 활동에 매진한다. 쿠에르나바카는 오스트리아의 철학자이자 신학자인 이반 일리치가 살았던 곳으로도 유명하다. 두 사람 모두 프레이리의 교육학에 관심을 가지고 있었기 때문에 스물여섯 살이라는 나이 차에도 급속도로 가까워진다. 프롬은 일리치의 사상을 '근원적 휴머니즘'이라고 평하면서 그가 출간한 책의 서문을 쓰기도 한다. 한편 컬럼비아대학 세미나에서의 첫 만남 이후 스즈키 선사와 편지를 주고받으며 선사상에 대한 연구를 이어나가던 프롬은 1957년 스즈키 선사를 자신의 저택에 초대하여 '정신분석학과 선불교'를 주제로 하는 세미나를 열었다.

이반 일리치

1957   라이히만이 사망하다.

1959   로자가 세상을 떠나다.

1960   『선과 정신분석』을 출간하다.

1963   멕시코 정신분석연구소를 설립하여 연구와 임상을 병행하다.

1968   프랑스 대학생들을 중심으로 기성세대와 국가 권력에 저항하는, 이른바 '68혁
        명'이 일어나다. 혁명의 불길이 주변국인 독일뿐만 아니라 미국, 일본 등으로 퍼
        져나가다. 유진 매카시의 선거운동에 참여하지만 심근경색으로 정치 활동을 중
        단하다.

1974   스위스 무랄토로 이주하다.

1976 『소유냐 존재냐』를 세상에 내놓다

유작이 된 『소유냐 존재냐』에서 프롬은 인간이라는 존재는 '생리적 욕구to live' '소유 욕
구to have' 그리고 '존재 욕구to be'를 가지고 있다고 이야기한다. 그러면서 인간은 소유 욕
구와 존재 욕구를 동시에 가지고 싶어 하는데, '소유함'보다는 '존재 됨'의 가치를 중요시할
것을 주장한다. 프롬은 자본주의사회의 병폐를 극복하기 위해서는 인간의 실존 방식이 소
유의 방식을 넘어 존재의 방식으로 나아가는 것 외에 사회구조의 근본적인 변혁이 필요하
다고 보았다.

1980   3월 18일, 무랄토의 자택에서 심근경색으로 세상을 떠나다.

1980   프롬의 마지막 조교인 라이너 풍크가 중심이 되어 에리히 프롬 전집을 출간하다.
~1981

주석

1. Bartlett, F. C., & Burt, C., "Remembering: A study in experimental and social psychology," in *British Journal of Educational Psychology*, 3(2), 1933, pp. 187~192.

2. Festinger, L., *A theory of cognitive dissonance*, Bd. 2, Stanford University Press, 1962.

3. Baudrillard, J., *Le systeme des objets, Paris* 1968.

4. Förster, J., Friedman, R. S., & Liberman, N., "Temporal construal effects on abstract and concrete thinking: consequences for insight and creative cognition," in *Journal of Personality and Social Psychology*, 87, 2004, pp. 177~189.

5. Van Boven, L., & Gilovich, T., "To do or to have? That is the question," in *Journal of Personality and Social Psychology*, 85(6), 2003, pp. 1193~1202.

6. Paz, O., *Das Labyrinth der Einsamkeit*, Suhrkamp, 1998.

7. Ziege, E., "Erich Fromm und die Entwicklung der Psychoanalyse in Mexiko," in Elke-Vera Kotowski, (ed), *Das Kulturerbe deutschsprachiger Juden: Eine Spurensuche in den Ursprungs-, Transit-und Emigrationsländern*, De Gruyter, 2015, pp. 263~269.

8. Maccoby, M., "Die wissenschaftlichen Beiträge Erich Fromms und ihre Bedeutung für die Gegenwart," in *Fromm Forum*, 19, Selbstverlag, 2015, pp. 64~72. Selbstverlag를 참고할 것.

9. Friedman, L., & Schreiber, A., *Was man gibt, verliert man nicht. Erich Fromm—Die Biografie*, Huber: Bern, 2013, p. 235.

10. Friedman, L., & Schreiber, A., *Was man gibt, verliert man nicht. Erich Fromm—Die Biografie*, Huber: Bern, 2013, p. 198.

11. Vogel, G., *Die Odyssee des Drehbuchschreibers*, Zweitausendeins: Leipzig, 2018.

12. Bowlby, J., *A Secure Base: Parent-Child Attachment and Healthy Human Development*, Basic books, 2008.

13. Kahneman, D., *Thinkin, fast and slow*, Macmillan, 2011.

14. 예를 들면 Luhmann, N., *Soziale Systeme: Grundriß einer allgemeinen Theorie*, Suhrkamp, 2001.

15. Johach, H., "Erich Fromms Einfluss auf die Humanistische Psychologie," in *Fromm Forum*, Tübingen, 2014, pp. 84~89.

16. http://www.inegi.org.mx/saladeprensa/boletines/2017/endireh/endireh2017_08.pdf

17. https://www.tagesschau.de/ausland/mexiko-frauenmorde-101.html

18. Förster, J., & Liberman, N., "Knowledge activation," in Higgins, E. T., & Kruglanski, A. W.

(eds.), *Social Psychology: Handbook of Basic Principles*, Guilford, 2007, pp. 201~231.

19. Förster, J., *Warum wir tun, was wir tun. Wie die Psychologie unseren Alltag bestimmt*, Droemer, 2018, p. 26.

20. 마리엔탈의 실업자들을 대상으로 한 다음 연구 결과도 참고할 만하다.
Jahoda, M., Felix, P., Lazarsfeld, F., & Zeisel, H., *Die Arbeitslosen von Marienthal. Ein soziographischer Versuch über die Wirkungen langandauernder Arbeitslosigkeit*, Hirzel, Leipzig 1933(재판은 1960년 Allensbach에서 나왔지만 프랑크푸르트의 주어캄프 출판사에서 책으로 출간된 것은 1975년이었다.).

21. Bode, S., *Die vergessene Generation. Die Kriegskinder brechen ihr Schweigen*, Klett-Cotta, 2004.

22. Friedman, L., & Schreiber, A., *Was man gibt, verliert man nicht. Erich Fromm—Die Biografie*, Huber: Bern, 2013, p. 119.

23. Funk, R., *Erich Fromm. Liebe zum Leben. Eine Bildbiografie*, dtv, 2011.

24. Funk, R., *Erich Fromm. Liebe zum Leben. Eine Bildbiografie*, dtv, 2011, p. 80.

25. Friedman, L. & Schreiber, A., *Was man gibt, verliert man nicht. Erich Fromm—Die Biografie*, Huber: Bern, 2013, p. 235.

26. Friedman, L. & Schreiber, A., *Was man gibt, verliert man nicht. Erich Fromm—Die Biografie*, Huber: Bern, 2013, p. 90.

27. Linville, P. W., "Self-complexity as a cognitive buffer against stress-related illness and depression," in *Journal of Personality and Social Psychology*, 52, 1987, p. 663.

28. Langer, W. C., *The Mind of Adolf Hitler. The Secret Wartime Report*, Basis Books, 1972.

29. 68운동을 유럽의 운동으로 보는 사학자들이 많다. http://www.bpb.de/geschichte/deutsche-geschichte/68er-bewegung/51992/1968-in-europap=all을 참고할 것.

30. Weber, M., *Die protestantische Ethik und der"Geist" des Kapitalismus*, 2015.

31. Baxter, R., *A Christian Directory, Or, a Body of Practical Divinity and Cases of Conscience Christian Dictionnary*, Neuauflage 2014. https://de.wikipedia.org/wiki/Arbeitsethik에서 재인용함.

32. Borowsky, P., *Wer wählte Hitler und warum? Studien zur deutschen Geschichte im 19. und 20. Jahrhundert*, Aus dem Nachlass herausgegeben von Rainer Hering und Rainer Nicolaysen, 2005. 1928년에서 1933년의 선거 결과에 대한 최근 분석은 *Peter Borowsky, Schlaglichter historischer Forschung. Studien zur deutschen Geschichte im 19. und 20. Jahrhundert*를 참고할 것.

33. Weinrich, H., *Uber das Haben: 33 Ansichten*, CH Beck, 2012.

34. Tajfel, H., *Differentiation Between Social Groups: Studies in the Social Psychology of Intergroup Relations*, Academic Press, 1978.

35. Mummendey, A., & Otten, S., "Positive-negative asymmetry in social di-scrimination," in *European Review of Social Psychology*, 9, 1988, pp. 107~143.

36. Fahrenberg, J., & Steiner, J. M., "Adorno und die autoritäre Persönlichkeit," in *Kölner Zeitschrift für Soziologie und Sozialpsychologie* 56, 2004, pp. 127~152.

37. Lyons, M., "What is Fascism? Some General Ideological Features. 12. Januar 2004; Übersetzung von Alfred Schober," in Heiko Kauffmann, Helmut Kellershohn, Jobst Paul (eds.), *Völkische Bande: Dekadenz und Wiedergeburt*, Münster, 2006.

38. Förster, J., *Kleine Einfuhrung in das Schubladen denken.Vom Nutzen und Nachteil des Vorurteils*, dtv, 2007.

39. Pettigrew, T. F., & Tropp, L. R., "A meta-analytic test of intergroup contact theory," in *Journal of Personality and Social Psychology*, 90, 2006, pp. 751~783.

40. Reich, W., & Higgins, M. B., *Die Massenpsychologie des Faschismus* (Vol. 980), Kiepenheuer & Witsch, 1933/1971.

41. Sanford, R. N., Adorno, T. W., Frenkel-Brunswik, E., & Levinson, D. J., "The measurement of implicit antidemocratic trends," in *The Authoritarian Personality*, 1950, pp. 222~279.

42. Oesterreich, D., "Autoritäre Persönlichkeiten und Sozialisation im Elternhaus. Theoretische Überlegungen und empirische Ergebnisse," in Susanne Rippl, Christian Seipel, Angela Kindervater (eds.), *Autoritarismus. Kontroversen und Ansätze der aktuellen Autoritarismusforschung*, Leske und Budrich, 2000, pp. 69~90.

43. Oesterreich, D., "Flight into security: A new approach and measure of the authoritarian personality," in *Political Psychology*, 26, 2005, pp. 275~298.

44. Altemeyer, B., The other "Authoritarian Personality," in *Advances in Experimental Social Psychology* (Vol. 30, pp. 47~92), Academic Press, 1998을 참조할 것.

45. Chartrand, T. L., & Bargh, J. A., "The chameleon effect: The perception - behavior link and social interaction," in *Journal of Personality and Social Psychology*, 76, 1999, pp. 893~910.

46. Correll, J., Park, B., Judd, C. M., & Wittenbrink, B., "The police officer's dilemma: Using ethnicity to disambiguate potentially threatening individuals," in *Journal of Personality and Social Psychology*, 83, 2002, pp. 1314~1329.

47. Förster, J., *Kleine Einfuhrung in das Schubladendenken. Uber Nutzen und Nachteil des 2 8 6 2 87 Vorurteils*, DVA, 2009.

48. Förster, J. & Liberman, N., "Knowledge activation," in Higgins, E. T., & Kruglanski, A. W. (eds.), *Social Psychology: Handbook of Basic Principles*, Guilford, 2007, pp. 201~231.

49. Zimbardo, P., *The Lucifer effect: How good people turn evil*, Random House, 2011을 참조할 것.

50. Weinrich, H., *Uber das Haben: 33 Ansichten*, CH Beck, 2012.

51. Hitler, A., *Mein Kampf*, Franz Eher, 1933, 초판은 1925, 1927년 발행, p. 44.

52. 같은 책.

53. 같은 책, p. 456.

54. 같은 책, p. 328.

55. 같은 책, p. 459.

56. Meadows, D. L., Meadows, D. H., Milling, P., & Zahn, E., *Die Grenzen des Wachstums: Bericht des Club of Rome zur Lage der Menschheit*, 1972.

57. Förster, J., "Jenseits von Gut und Böse—Eine selbst-regulatorische Perspektive auf Haben und Sein." in M. Brohm-Brady, C. Peifer & J. Greve (eds.), *Positiv-Psychologische Forschung im deutschsprachigen Raum: State of the Art*, Pabst, 2017, pp. 94~113.

58. Burroughs, J. E., & Rindfleisch, A., "Materialism and Well-Being: A Conflicting Values Perspective," in *Journal of Consumer Research*, Vol. 29, No. 3, 2002, pp. 348~370.

59. Dittmar, H., Bond, R., Hurst, M., & Kasser, T., "The relationship between materialism and personal well-being: A meta-analysis," in *Journal of Personality and Social Psychology*, 107, 2014, pp. 879~924.

60. Förster, J., *Was das HABEN mit dem SEIN macht: Die neue Psychologie von Konsum und Verzicht*, Pattloch, 2015.

참고 문헌

Altemeyer, B., The other "Authoritarian Personality," in *Advances in Experimental Social Psychology*, Vol. 30, Academic Press, 1998.

Bartlett, F. C., & Burt, C., "Remembering: A study in experimental and social psychology," in *British Journal of Educational Psychology*, 3(2), 1933.

Baudrillard, J., *Le système des objets*, Paris 1978.

Baxter, R., *A Christian Directory, Or, a Body of Practical Divinity and Cases of Conscience Christian Dictionnary*, Neuauflage 2014.

Bode, S., *Die vergessene Generation. Die Kriegskinder brechen ihr Schweigen*, Klett-Cotta, 2004.

Borowsky, P., *Wer wählte Hitler und warum? Studien zur deutschen Geschichte im 19. und 20. Jahrhundert*, Aus dem Nachlass herausgegeben von Rainer Hering und Rainer Nicolaysen, 2005.

Bowlby, J., *A Secure Base: Parent-Child Attachment and Healthy Human Development*, Basic books, 2008.

Burroughs, J. E., & Rindfleisch, A., "Materialism and Well-Being: A Conflicting Values Perspective," in *Journal of Consumer Research*, Vol. 29, No. 3, 2002.

Chartrand, T. L., & Bargh, J. A., "The chameleon effect: The perception–behavior link and social interaction," in *Journal of Personality and Social Psychology*, 76, 1999.

Correll, J., Park, B., Judd, C. M., & Wittenbrink, B., "The police officer's dilemma: Using ethnicity to disambiguate potentially threatening individuals," in *Journal of Personality and Social Psychology*, 83, 2002.

Diener, E., Tay, L., & Oishi, S., "Rising income and the subjective well-being of nations," in *Journal of Personality and Social Psychology*, 104(2), 2013.

Dittmar, H., Bond, R., Hurst, M., & Kasser, T., "The relationship between materialism and personal well-being: A meta-analysis," in *Journal of Personality and Social Psychology*, 107, 2014.

Eckhardt, G. M., Belk, R., & Devinney, T. M., "Why don't consumers consume ethically?," in *Journal of Consumer Behaviour*, 9, 2010.

Fahrenberg, J., & Steiner, J. M., "Adorno und die autoritäre Persönlichkeit," in *Kölner Zeitschrift für Soziologie und Sozialpsychologie*, 56, 2004.

Festinger, L., *A theory of cognitive dissonance*, Bd. 2, Stanford University Press, 1957.

Förster, J., *Kleine Einführung in das Schubladendenken. Vom Nutzen und Nachteil des Vorurteils*, dtv, 2007.

Förster, J., *Der kleine Krisenkiller: 12 Wege, schwierige Lebenssituationen zu meistern*, Pattloch, 2017.

Förster, J., *Was das HABEN mit dem SEIN macht: Die neue Psychologie von Konsum und Verzicht*, Pattloch, 2015.

Förster, J., "Jenseits von Gut und Böse-Eine selbst-regulatorische Perspektive auf Haben und Sein." in M. Brohm-Brady, C. Peifer & J. Greve (eds.), *Positiv-Psychologische Forschung im deutschsprachigen Raum: State of the Art*, Pabst, 2017.

Förster, J., Friedman, R. S., & Liberman, N., "Temporal construal effects on abstract and concrete thinking: consequences for insight and creative cognition," in *Journal of Personality and Social Psychology*, 87, 2004.

Förster, J., Liberman, N., & Higgins, E. T., "Accessibility from active and fulfilled goals," in *Journal of Experimental Social Psychology*, 41(3), 2005.

Förster, J., & Liberman, N., "Knowledge activation," in Higgins, E. T., & Kruglanski, A. W. (eds.), *Social Psychology: Handbook of Basic Principles*, Guilford, 2007.

Förster, J., *Warum wir tun, was wir tun. Wie die Psychologie unseren Alltag bestimmt*, Droemer, 2018.

Friedman, R., & Förster, J., "The effects of promotion and prevention cues on creativity," in *Journal of Personality and Social Psychology*, 81(6), 2001.

Friedman, L., & Schreiber, A. *Was man gibt, verliert man nicht. Erich Fromm–Die Biografie*, Huber: Bern, 2013.

Fromm, E., *Erich Fromm Gesamtausgabe: herausgegeben von Rainer Funk*, dtv, 1989.

Fromm, E., *Haben oder Sein. Die seelischen Grundlagen einer neuen Gesellschaft*, dtv, 1976.

Fromm, E., *Psychoanalyse und Ethik*, Ullstein, 1982.

Fromm, E., *Arbeiter und Angestellte am Vorabend des Dritten Reiches: Eine sozialpsychologische Untersuchung, Herausgegeben von Wolfgang Bonß*, DVA, 1980.

Funke, R., *Erich Fromm-Liebe zum Leben. Eine Bildbiografie*, dtv, 2011.

Hitler, A., *Mein Kampf*, Franz Eher, 1933(Original 1925/1927).

Jahoda, M., Felix, P., Lazarsfeld, F., & Zeisel, H., *Die Arbeitslosen von Marienthal. Ein soziographischer Versuch über die Wirkungen langandauernder Arbeitslosigkeit*, Hirzel, Leipzig 1933(Erste Neuauflage: Allensbach 1960; als Buch erschienen im Verlag Suhrkamp, Frankfurt am Main 1975).

Johach, H., "Erich Fromms Einfluss auf die Humanistische Psychologie," in *Fromm Forum*, Tübingen, 2014.

Kahneman, D., *Thinking, fast and slow*, Macmillan, 2011.

Langer, W. C., *The Mind of Adolf Hitler: The Secret Wartime Report*, Basis Books, 1972.

Liberman, N., & Trope, Y., "The role of feasibility and desirability considerations in near and distant future decisions: A test of temporal construal theory," in *Journal of Personality and Social Psychology*, 75(1), 1998.

Liberman, N., & Trope, Y., "The psychology of transcending the here and now", in *Science*, 322(5905), 2008.

Lyons, M., "What is Fascism? Some General Ideological Features. 12. Januar 2004; Übersetzung von Alfred Schober," in Heiko Kauffmann, Helmut Kellershohn, Jobst Paul (eds.), *Völkische Bande: Dekadenz und Wiedergeburt*, Münster, 2006.

Linville, P. W., "Self-complexity as a cognitive buffer against stress-related illness and depression," in *Journal of Personality and Social Psychology*, 52, 1987.

Luhmann, N., *Soziale Systeme: Grundriß einer allgemeinen Theorie*, Suhrkamp, 2001.

Maccoby, M., "Die wissenschaftlichen Beiträge Erich Fromms und ihre Bedeutung für die Gegenwart," in *Fromm Forum*, 19, Selbstverlag, 2015.

Meadows, D. L., Meadows, D. H., Milling, P., & Zahn, E., *Die Grenzen des Wachstums: Bericht des Club of Rome zur Lage der Menschheit*, 1972.

Mummendey, A., & Otten, S., "Positive–negative asymmetry in social di-scrimination," in *European Review of Social Psychology*, 9, 1988.

Mussweiler, T., & Epstude, K., "Relatively fast! Efficiency advantages of comparative thinking," in *Journal of Experimental Psychology: General*, 138, 2009.

Neff, L. A., & Karney, B. R., "To know you is to love you: the implications of global adoration and specific accuracy for marital relationships," in *Journal of Personality and Social Psychology*, 88(3), 2005.

Neubauer, J., *Mexiko: Ein Länderporträt*, Christoph Links: Berlin, 2014.

Oesterreich, D., "Autoritäre Persönlichkeiten und Sozialisation im Elternhaus. Theoretische Überlegungen und empirische Ergebnisse," in Susanne Rippl, Christian Seipel, Angela Kindervater (eds.), *Autoritarismus. Kontroversen und Ansätze der aktuellen Autoritarismusforschung*, Leske und Budrich, 2000.

Oesterreich, D., "Flight into security: A new approach and measure of the authoritarian personality," in *Political Psychology*, 26, 2005.

Paz, O., *Das Labyrinth der Einsamkeit*, Suhrkamp, 1998.

Pettigrew, T. F., & Tropp, L. R., "A meta-analytic test of intergroup contact theory," in *Journal of Personality and Social Psychology*, 90, 2006.

Reich, W., & Higgins, M. B., *Die Massenpsychologie des Faschismus* (Vol. 980), Kiepenheuer & Witsch, 1933/1971.

Sanford, R. N., Adorno, T. W., Frenkel-Brunswik, E., & Levinson, D. J., "The measurement of implicit antidemocratic trends," in *The Authoritarian Personality*, 1950.

Stone, W. F., Lederer, G., & Christie, R. (eds.), *Strength and Weakness: The Authoritarian Personality Today*, Springer Science & Business Media, 2012.

Tajfel, H., *Differentiation Between Social Groups: Studies in the Social Psychology of Intergroup Relations*, Academic Press, 1978.

Van Boven, L., & Gilovich, T., "To do or to have? That is the question," in *Journal of Personality and Social Psychology*, 85(6), 2003.

Vogel, G., *Die Odyssee des Drehbuchschreibers*, Zweitausendeins: Leipzig, 2018.

Weber, M., *Die protestantische Ethik und der "Geist" des Kapitalismus*, Neuausgabe der ersten Fassung von 1904-1905 mit einem Verzeichnis der wichtigsten Zusätze und Veränderungen aus der zweiten Fassung von 1920. Herausgegeben und eingeleitet von Klaus Lichtblau und Johannes Weiß. Springer-Verlag, 2015.

Weinrich, H., *Über das Haben: 33 Ansichten*, CH Beck, 2012.

Ziege, E., "Erich Fromm und die Entwicklung der Psychoanalyse in Mexiko," in Elke-Vera Kotowski, (ed) *Das Kulturerbe deutschsprachiger Juden: Eine Spurensuche in den Ursprungs-, Transit-und Emigrationsländern*, De Gruyter, 2015.

Zimbardo, P., *The Lucifer effect: How good people turn evil*, Random House, 2011.

참고 웹사이트

http://www.inegi.org.mx/saladeprensa/boletines/2017/endireh/endireh2017_08.pdf

https://www.tagesschau.de/ausland/mexiko-frauenmorde-101.html

http://www.bbc.com/news/science-environment-28658269

http://www.bpb.de/geschichte/deutsche-geschichte/68er-bewegung/51992/1968-in-europa?p=all

https://de.statista.com/infografik/1470/internationale-tourismus-ausgaben/

사진 크레디트

옮긴이 장혜경

연세대학교 독어독문학과를 졸업하고 동 대학원에서 박사 과정을 수료했다. 독일 학술교류처 장학생으로 독일 하노버에서 공부했다. 전문 번역가로 활동하며 『우리가 정말 친구일까』 『침묵이라는 무기』 『나는 단호하게 살기로 했다』 『처음 읽는 여성 세계사』 『나는 왜 무기력을 되풀이하는가』 『우리는 어떻게 괴물이 되어가는가』 등 다수의 인문교양서를 우리말로 옮겼다.

클래식 클라우드 015

에리히 프롬

1판 1쇄 인쇄 2019년 12월 9일
1판 1쇄 발행 2019년 12월 18일

지은이 엔스 푀르스터
옮긴이 장혜경
펴낸이 김영곤
펴낸곳 (주)북이십일 아르테

아르테클래식본부 본부장 장미희
클래식클라우드팀 팀장 김유진
책임편집 김슬기 클래식클라우드팀 임정우
마케팅 이득재 오수미 박수진
영업 한충희 김한성 이광호 제작 이영민 권경민

출판등록 2000년 5월 6일 제406-2003-061호
주소 (10881) 경기도 파주시 회동길 201(문발동)
대표전화 031-955-2100 팩스 031-955-2151

ISBN 978-89-509-8522- 6 04000
ISBN 978-89-509-7413-8 (세트)
아르테는 (주)북이십일의 문학 브랜드입니다.

(주)북이십일 경계를 허무는 콘텐츠 리더

네이버오디오클립/팟캐스트 [김태훈의 책보다 여행], 유튜브 [클래식클라우드]를 검색하세요.
네이버포스트 post.naver.com/classic_cloud
페이스북 www.facebook.com/21classiccloud
인스타그램 www.instagram.com/classic_cloud21